Was bleibt
Begegnungen mit Jesus

Michael H. F. Brock

Was bleibt

Begegnungen mit Jesus
Annäherungen an Lukas 6–10

Patmos Verlag

VERLAGSGRUPPE PATMOS

**PATMOS
ESCHBACH
GRÜNEWALD
THORBECKE
SCHWABEN**

Die Verlagsgruppe
mit Sinn für das Leben

Für die Schwabenverlag AG ist Nachhaltigkeit ein wichtiger Maßstab
ihres Handelns. Wir achten daher auf den Einsatz umweltschonender
Ressourcen und Materialien.

Alle Rechte vorbehalten
© 2016 Patmos Verlag der Schwabenverlag AG, Ostfildern
www.patmos.de

Umschlaggestaltung: Finken & Bumiller, Stuttgart
Satz: Schwabenverlag AG, Ostfildern
Druck: CPI books GmbH, Leck
Hergestellt in Deutschland
ISBN 978-3-8436-0804-6 (Print)
ISBN 978-3-8436-0864-0 (eBook)

Inhalt

Ein Wort voraus	11
Selig, ihr Armen Lk 6,17–20	13
Selig die Hungernden Lk 6,21a	18
Selig, ihr Weinenden Lk 6,21b	22
Freut euch an jenem Tag Lk 6,22–23	27
Weh euch Lk 6,24–26	32
Liebt eure Feinde Lk 6,27–29	36
Erbittet nichts zurück Lk 6,30	41
Die goldene Regel Lk 6,31–36	45
Richtet nicht Lk 6,37–42	50
Vom Dornbusch liest man keine Trauben Lk 6,43–49	55
Der Hauptmann von Kafarnaum Lk 7,1–10	60

Der Gesang geschenkter Liebe Lk 7,18–35	65
Vergebende Nähe Lk 7,36–50	70
Hörst du Gottes Wort? Lk 8,4–18	75
Der Sturm Lk 8,19–25	80
Besessen in Gerasa Lk 8,26–39	85
Fass mich nicht an Lk 8,40–56	89
Von Kraft und Vollmacht Lk 9,1–10	94
Da nahm er fünf Brote Lk 9,10–17	99
Um Gott zu fragen, wer er sei Lk 9,18–19.27	104
Das große Glück Lk 9,28–36	109
Die Heilung Lk 9,37–43	114
Das Kind neben dir Lk 9,43–50	119

Auf dem Weg nach Jerusalem Lk 9,51–62	124
Ausgesandt Lk 10,1–24	129
Tu es, und du wirst leben Lk 10,25–37	134
Man braucht nur eines Lk 10,38–42	139
Der Autor	144

Und dem Johannes berichteten seine Jünger über all dies. Und Johannes rief zwei seiner Jünger her, schickte sie zum Herrn und ließ sagen: Bist du »der Kommende«? Oder sollen wir auf einen anderen warten? Bei ihm eingetroffen, sprachen die Männer: Johannes der Täufer hat uns zu dir gesandt und lässt sagen: Bist du »der Kommende«? Oder sollen wir auf einen anderen warten? Zu jener Stunde hatte Jesus viele von Gebrechen, Plagen und bösen Geistern heil gemacht und vielen Blinden den Blick geschenkt. Da hob er an und sprach zu ihnen: Geht und berichtet dem Johannes, was ihr gesehen und gehört habt: Blinde blicken auf, Krüppel gehen. Aussätzige werden rein und Taube hören. Tote werden erweckt, Armen wird die Heilsbotschaft gebracht. Und selig ist, wer an mir kein Ärgernis nimmt.

Lukas 7,8–23 – übersetzt von Fridolin Stier

Ein Wort voraus

»Vielleicht ist es der Verlust von Nähe und Gemeinschaft, der Menschen in die Gewalt treibt. Betrachte jene, die du verachtest und fürchtest aus jener Nacht heraus, aus der sie kommen. Es ist das Fieber ihres Elends, das sie treibt, ihre Mutlosigkeit und betrogene Sehnsucht.« – So spricht Jesus in fiktiven Gesprächen zu Maria, jener aus Magdala. Zusammen entfalten sie die Seligpreisungen des Lukasevangeliums.

Gemeinsam erleben sie die Welt der Kapitel sechs bis zehn des Lukasevangeliums. Es sind erzählte Geschichten. Sie sind frei erfunden und doch erlauben mir die Gedanken Einblicke in das Denken und Fühlen des Evangeliums nach Lukas auf eine sehr persönliche Weise. In meinen Erzählungen berühren und begegnen sich in Sprache und Bild Maria, die aus Magdala, und er, Jesus, sehr. Gemeinsam entwickeln sich Leben und Verkündigung aus Beziehung und wachsendem Vertrauen. Narrativ, erzählerisch nähere ich mich der Botschaft, der ich selbst auch folgen möchte. Mir wird es möglich, durch Fiktionen – wie gesagt frei erfunden – einzutauchen in eine Welt, die ich erspüren möchte. Ich komme dabei nicht als erstes als Theologe, der um alles schon wüsste. Auch bin ich kein Dogmatiker. Ich erzähle von einem Menschen, der durch seine Menschlichkeit eine Spur von Gott in diese Welt einpflanzte, die bis heute Menschen fasziniert. Gegen Ende stellt das Erleben jede Form von Religion in Frage und fragt, ob nicht das Königtum Gottes die bessere Alternative wäre. Ein Gott für alle Menschen. Und keine Trennung mehr in den Herzen und Häusern unserer Welt. Ich bin nicht weltfremd und weiß, dass Menschen ihr Begreifen und Verstehen immer in Form und Institution bringen müssen. Und solange Religionen den Kern bewahren, mögen sie ihre Berechtigung haben. Dennoch. Der Jesus in meinem Buch träumt größer, denkt weiter und tiefer von einer Beziehung zu Gott und den Menschen, die weit über das Begreifen einer Religion hinausreicht. In den Herzen der Menschen gilt es eine Sehnsucht zu wecken, die uns nicht mehr voneinander und vom Himmel trennt. Erst wenn wir eins werden, Gott und wir Menschen zu einer Einheit zurückfinden, wird in uns und zwischen uns spürbar, was heute weithin noch Traum ist. Es werde Frieden unter den Menschen im Namen des Vaters, der alles gemacht hat.

Bis dahin ist noch ein weiter Weg. Und doch schon spürbar in jeder Berührung, wenn Menschen voneinander berührt werden und zulassen können, dass Nähe nicht immer verletzt, sondern im Grunde den einzigen Weg beschreibt, wie wir leben dürfen und wachsen in unserer Person, um ein vertrautes Leben zu finden. Deshalb lasse ich auch Nähe zu. Beschrieben in Person der Maria, der aus Magdala, und ihm, Jesus. Ich tue es nicht, weil ich behaupten möchte, dass es so war. Ich tue es, damit ich ihm folgen kann zu einem heilsamen Leben. Und das geht nur über Beziehung und Nähe.

Ich bleibe beim Lesen der Bibel auch in den erzählten Gedanken sehr nahe der Übersetzung von Fridolin Stier, dessen Übertragung immer wieder eingestreut ist. Freude am Original zu wecken, ist Anliegen dieser Erzählung, die ich gerne geschrieben habe, damit lebendig bleibt und wird, was einst geschah. Mitten unter uns.

Michael H. F. Brock

Selig, ihr Armen

Lk 6,17–20

Du wirst nicht weglaufen können vor den Menschen, die arm und krank ihre Hände ausstrecken nach deiner Nähe und sehnsüchtig verlangen, von dir berührt zu werden, sagte Maria leise. Sie waren gemeinsam den Berg hinaufgestiegen, schweigend. Lange hatte er geschwiegen. Es war, als wäre ein kleines Stück Himmel immer zwischen ihnen gewesen seit jener Nacht, da er sie berührt hatte an ihrem Herzen. Manchmal nahm er sie mit, wenn er hinaufstieg, um dem Lärm der Straße und dem Verlangen der Menschen zu entrinnen. Sie vertraute seinem Schweigen. Das Schweigen eines Menschen kann fürchterlich erdrückend sein. Seines war leicht. Und in seinem Schweigen konnte sie ihre Augen schließen und spüren, wie der Hauch des Windes ihr Haar umstreichelte. Ich habe keine anderen Hände als all die anderen, sprach er, Jesus, als der Abendwind die erste Kühle des scheidenden Tages in ihre Gesichter blies. Und er betrachtete seine Hände still. Maria saß neben ihm und sah ihm zu, wie er betrachtend sprach. Was haben sie nicht alles schon berührt, meine Hände? Sie waren hart geworden in den Jahren, von Schwielen überzogen vom Hauen der Steine für die Dächer der Häuser in fremden Städten. Eigentlich waren sie zu klein für einen Handwerker, zu schmal. Und doch sah man ihnen die Jahre harter Arbeit an. Der Zeigefinger der rechten Hand zitterte ein wenig. Sie waren wie Trinkschalen, seine Hände. Sie waren nicht gleichförmig. Die Jahre hatten ihre Spuren hinterlassen. Kraftlos schienen sie zu sein, so wie sie jetzt in seinem Schoß lagen. Und das Wasser würde durch seine Hände rinnen. Er war sich sicher. Es waren keine anderen Hände. Sie hatten weder heilende Wirkung noch konnten sie zärtlich sein. Sie waren es nie. Konnten es nicht sein. Durften es nicht sein.

Maria sah ihn weinen, und seine Tränen flossen in seine Hände. Sie spürte das Zittern seiner Hände, als sie ihre Hände um seine legte. Er sah auf und blickte in ihre Augen. So als wollte er sagen: Maria, ich bin doch nur ein Mensch. Wie kann ich all das Elend berühren? All jene heilen, die schreiend nach mir verlangen. Nur zitternde Hände können heilen, sprach Maria. Denn nur wer um seine Grenzen weiß, wird die Begrenztheit berühren können. Deine Gedanken sind das Besondere, sprach Maria, nicht deine Hände. Deine Hände werden immer nur so berühren können, wie deine Gedanken es ihnen eingeben. Zärtlichkeit geschieht im Herzen. Deine Hände berühren. Aber dein Herz entscheidet über die Schönheit oder die Brutalität ihrer Berührung. Die Menschen sehnen sich nach deinem Herzen und strecken ihre Hände deinen Augen entgegen. Sie sehen in den verzweifelten Augen deine Sehnsucht, die sich mischt mit den Träumen vom Himmel. Ja, Menschen spüren deinen Kampf und sie glauben daran, dass du auf den Bergen deine Kraft erhältst, sie in der Steppe zu heilen, Jesus. Sprach es und schaute in seine Augen.

Und tausend Fragen fand sie in seinen Blicken. Wenn ich den Armen Reichtum erbitten würde vom Vater? Was bliebe anderes, als Gewalt zu predigen in einer Welt der Armut, Umsturz. Was meint Veränderung im Angesicht des Elends? Ich will sie nicht vertrösten, sprach Jesus. Und doch kann ich sie nicht trösten mit der Revolution der Verzweiflung. Ich bringe ihnen das Schwert. Aber es wird ihr Herz durchbohren, noch bevor es die Klinge eines anderen Menschen berührt haben wird. Ich werde Reichtum predigen und im gleichen Augenblick werden Menschen hungers sterben. Maria, wie verzweifelt ist meine Botschaft in den Ohren der Armen.

Meine Hände sind nicht groß genug, das Elend aller zu berühren. Meine Arme nicht lang genug, das Elend zu umarmen, und meine Kraft nicht stark genug, alle Armut zu vertreiben. Und doch, sprach Maria, bei jeder Berührung werden sie spüren, dass Armut keine Strafe ist und das Elend nicht gottgewollt. Erzähl ihnen vom Himmel, Jesus. Erzähl ihnen von den Liedern des Himmels in deinem Herzen. Erzähl ihnen, wie der Himmel auf die Erde kam, das Elend zu umarmen. Erzähl ihnen, wie der Himmel sich öffnete über deinem Haupt in den Tagen am Jordan und wie der Vater sprach, als wärest du der Sohn, der einzige. Und erzähl ihnen, wie du in der Wüste dem Elend der Macht widerstanden und wie sehr du geweint hast in den Armen deiner Mutter, bis du den Mut aufbrachtest, gegen alle Erfahrung zu lieben. Und das Elend zu umarmen die einzige Chance ist, der Armut entgegenzutreten mit deiner Liebe.

Du kannst der Mutter mit ihren fünf Kindern nicht die Last der Tage nehmen. Aber du kannst ihren schmerzenden Rücken berühren und ihre Tränen streicheln. Du kannst dem verwirrten Geist des Alters die Jugend nicht zurückgeben. Aber du kannst den Verletzungen Erbarmen entgegenrufen und Verzeihung gewähren und dem Tyrannen Vergebung zusprechen. Du kannst der Witwe nicht die Einsamkeit rauben und in der Wüste die Steine nicht in Blumen verwandeln. Aber deine Tränen können die Blumen erblühen lassen inmitten der Wüsten. Du bist stark genug, die Verzweiflung zu lieben und die Armut zu küssen. Maria sprach leise, aber sie hörte nicht auf. Und ihre Worte saugte er auf wie die Strahlen der Sonne in nebelumhüllter Zeit. Das Reich Gottes, sprach Maria, ist nicht die Belohnung für dein Gutsein. Und nicht der Lohn für die Reichen. Das Reich Gottes ist ein Geschenk des Himmels für die Elenden. Was hast du denn mit mir gemacht, sprach Maria. Du hast mir meine Vergangenheit nicht zurückgegeben. Weder Schönheit noch

Reichtum. Und doch. Du hast mir meine Armut genommen. Der Preis der Armut war das Gefühl, nicht mehr dazuzugehören. Du nahmst mich in deine Armut, im Angesicht des Reichtums schenktest du mir zurück, was ich lange verloren hatte: die Würde des Angenommen-Seins. Ich spürte einen Menschen in meiner Nähe. Und mehr braucht es oft nicht, als einen Menschen zu spüren. Kranke werden nicht gesund ohne die Nähe eines Menschen und Arme fliehen in ihrem Elend doch nur, weil sie sich in ihrer Einsamkeit alleine glauben. Es ist, wenn es geschieht, dass ein Mensch dich berührt, wie wenn der Himmel aufleuchtet zu lebendigen Farben der Treue. So als würde dir das Leben neu geschenkt aus dem Herzen eines Menschen, der nichts anderes vermag, als bei dir zu sein. Was dich gesund macht, ist die Liebe des Menschen.

Und woher, Maria, nimmt dieser Mensch die Kraft, sie aufzubringen? Ist er nicht in seinem Elend schon einsam genug? Kann er einem Armen den Reichtum zusprechen, und sei es den Reichtum der Liebe, wenn er selbst arm ist und elend in seiner eigenen Einsamkeit? Wird nicht der Blick zum Himmel zu einem einzigen Schrei der Verzweiflung und die Antwort ist meist das Schweigen des Himmels selbst? Ja, mein Freund, sprach Maria leise und zart. Das mutet dir der Himmel zu. Denn du weißt, wie sich die Verlorenen fühlen. Darum wirst du nicht auftreten und behaupten, du brächtest Veränderung. Es liegt auch nicht in deiner Macht, die Verhältnisse der Macht zu wenden oder die Fassaden der Torheit einzureißen. Aber du weißt, wie sich die Verlorenen fühlen, wenn sie allein gelassen werden. Und du ahnst es bereits. Auch der Himmel wandelt die Welt nicht. Die Welt wandelt sich in den Herzen der Armen, allein durch deine Menschlichkeit und Nähe.

Welches Elend müssen wir durchwandern, Maria, sprach Jesus, und wie viel Krankheit müssen wir erdulden und wie arm müssen wir werden, bis wir begreifen, dass uns der Reichtum nicht vor Einsamkeit schützt und Gesundheit kein Gut auf Dauer ist. Menschen, Maria, die sich zu sicher fühlen, werden tief fallen müssen. Und gebe Gott, es wird ein Mensch auch bei jenen sein, die sich unabhängig geglaubt und siegessicher. Sie werden ohnmächtig sein in ihrer Erbärmlichkeit. Ich bete zum Vater, dass auch sie einst eine Hand halten wird, bevor der Tod ihnen die Gewissheit rauben wird.

Ach Maria, sprach er, und nahm sie in den Arm. Hielt sie fest und sprach leise und zart: Selig, ihr Armen, denn euer ist das Königtum Gottes.

Selig die Hungernden

Lk 6,21a

Kennst du die Unruhe, die Getriebenheit, die verzweifelte Suche, die der Hunger auslöst, Maria? Armut, sprach er, Jesus, kann dir die Würde nicht rauben. Ob du reich bist oder arm, es spielt nicht die entscheidende Rolle. Du bleibst derselbe Mensch in Reichtum und Armut. Nur, wenn dich die Armut in den Hunger treibt, verlierst du deine Würde. Du wirst zum getriebenen Tier eines sich verzehrenden Durchlebens von körperlichen Schmerzen, die der Hunger verursacht. Verzweifelt wird die Suche nach einem Stück Brot und du beginnst zu kriechen unter den Tischen. Dein Herz schlägt schneller und schneller und dein Magen windet sich vor Schmerzen, bis die Kräfte dich verlassen. Der Hunger treibt dich in eine Ruhe, die in Trägheit übergeht. Deine Gedanken werden langsamer und dein Geist hört auf zu denken. Du willst nur noch daliegen, nichts mehr denken, die Schmerzen sollen aufhören und die innere Verkrampfung lässt jede Bewegung schmerzen. Du liegst da, hörst deinem Atem zu. Deine Zunge bewegt sich über deine Lippen, so als wollte sie das Zerbersten der Lippen noch verhindern, die längst brüchig geworden sind. Die Strahlen der Sonne schmerzen in deinen Augen und der Magen bläht sich auf, so als wolle er sich noch einmal aufbäumen gegen die Leere. Deine Füße können die Last des Körpers nicht mehr tragen und du bleibst liegen. Irgendwo am Straßenrand liegen die hungers sterben. Irgendwann wehren sie sich nicht mehr. Und kein Schrei ist zu hören. Die Hungernden schreien nicht, sie weinen. Und ihr Blick geht starr ins Leere. Ich bin ihr Wasser, sprach Jesus zu Maria. Ich werde ihre Lippen benetzen und ihnen Tropfen für Tropfen zurückgeben, was ihnen genommen wurde. Ein Stück Brot, dann ihre Würde. Es werden viele sein, sprach Maria. Es werden viele sein. Wir müssen die Satten beschämen, Maria. Nur die Scham wird sie zur Vernunft bringen. Jeder Bissen soll ihnen im Halse stecken bleiben im Angesicht des Elends. Bis ihnen ihr Brot nicht mehr schmeckt, das sie niemals geteilt haben. Ungeteiltes Brot wird ihnen schmecken wie vertrocknetes Fleisch. Fünf Brote und ein paar Fische müssen genügen, den Hunger der Vielen zu stillen. Ich werde geben, bis Brot übrig bleibt. Körbeweise. Maria weinte, als sie ihn fragte, wie dies geschehen soll. Ich werde, so sprach er, das Wenige segnen, bevor ich es teile. Unter Tränen werde ich das Brot erheben zum Himmel und ich werde meinen Vater bitten, er möge das Wenige segnen, damit keiner mehr Not leiden möge. Vielleicht beschämt es die Reichen und sie tun es uns gleich? Setze nicht auf soziale Veränderung, bat ihn Maria, sie wird nicht kommen. Menschen ändern sich nicht. Auch nicht im Angesicht von Armut und Hunger. Sie werden Menschen einfach sterben lassen. Sie haben es immer getan. Die Satten haben keine Augen für den Hunger, und sie besitzen keine Scham. Sie besitzen nur den Blick für sich selbst und ihresgleichen. Menschen verändern sich nicht. Auch die Satten bewegen sich nicht. Sie bewegen sich nicht in ihrer trügerischen Zufriedenheit. Selbstgerecht laben sie sich an den Tischen und liegen auf ihren Pritschen, bis sie ersäuft sind und trunken in ihrer Selbstgerechtigkeit.

Den Hunger zu stillen, sprach Jesus, darf keine Tugend werden, derer man sich bedienen darf oder eben auch nicht. Das Recht auf Würde darf nicht zu einer Ware werden, die du dir verdienen musst. Das Königtum Gottes darf nicht zum Ausverkauf werden und zum Lohn deines Handelns. Vor aller Religion muss das Brot stehen. Und allein die Erinnerung an Hunger darf Grund deines Glaubens sein, aber nicht der Hunger selbst. Ich verachte jene, die den Hunger nicht kennen, sprach Jesus, denn sie vermissen im Grunde nichts und werden keine Reifung anstreben in ihrem Leben. Sie kennen nur Genuss und Moral. Der wahre Hunger aber treibt dich an. Der Hunger nach Schönheit und Gerechtigkeit. Der Hunger nach Frieden und der Trost der Zärtlichkeit. Diesen Hunger möchte ich nicht vermissen.

Also lass uns den Menschen Brot geben, sprach Maria, damit die Menschen aus der Lethargie des Hungers erwachen. Schenke ihren Körpern die Kraft zurück, damit der Geist wieder zu denken beginnen kann. Lass sie satt werden, aber lass sie ihre Bedürftigkeit niemals missen. Nur hungernde Menschen erbitten sich Veränderung.

So wird es sein, Maria. Es gibt einen unmoralischen Hunger und einen Hunger nach Leben, der dich treibt und nach Veränderung verlangt. Der unmoralische Hunger ist der Hunger, der zum Tode führt. Ihn wollen wir ächten ein für alle Mal. Aber es gibt auch einen Hunger, den ich niemals missen möchte. Es ist der Hunger nach Gerechtigkeit, den ich nur auf dem Wege der Barmherzigkeit erreichen werde. Nur eine Welt, in der jeder Mensch das bekommt, was er zum Leben braucht, ist eine Welt, die sich in der Nähe von Gottes Königtum ereignet. Kein Mensch möge sich auf Gott berufen, wenn neben ihm ein Mensch hungers stirbt. Aber jeder möge zu Gott beten, wenn er den Hunger verspürt nach der Nähe eines Menschen, der ihm in seinem Elend die Hand hält. Dies, so sprach Jesus, nenne ich die Schönheit des Lebens, die niemals äußerlich sein will. Schönheit ist die innere Übereinstimmung mit dir selbst. Und der Hunger ist, dein eigenes Leben leben zu wollen und zu dürfen. Dieser Hunger möge niemals vergehen. Der Hunger, der dich müde macht, wird dich träge machen und der Schmerz wird dich am Ende umbringen. Aber der Hunger, so sprach er, Jesus, der dich antreibt, in dir ein neues Leben zu entdecken, wird dich aufbrechen lassen in ein neues Leben. Der Hunger der Einsamkeit wird dich ebenfalls umbringen oder dich aufbrechen lassen. Es ist ein ganz schmaler Pfad zwischen Tod und Leben an jedem neuen Tag.

Es gibt auch die Gottsatten. Die über alles Bescheid wissen. Und Gott zu besitzen glauben. Sie werden seine Stimme niemals vernehmen. Denn Gott sitzt nicht an den Tischen der Satten. Gott sitzt an den Tischen der Hungernden. Ohne Sehnsucht verliert sich alles in Besitz. Aber kein Mensch darf einen anderen Menschen besitzen wollen und schon gar nicht Gott. Es sind die Besitzenden, die ihren Hunger verloren haben. Sie verwalten das Leben und knechten die Menschen der Sehnsucht.

Maria lächelte, als sie ihn ansah und sie beide stehen blieben. Und sprach: ich werde dich nie besitzen, aber ich werde immer Hunger verspüren nach deiner Nähe. Sie versuchte zu scherzen. Das Gespräch war ihr viel zu traurig geworden. Aber er blickte sie an und sprach, da hast du viel gespürt, Maria. Menschen dürfen einander niemals besitzen. Sie dürfen einander Gastfreundschaft erlauben und Wege miteinander beschreiten, aber sie dürfen sich selbst niemals aufgeben. Das Wissen um ihre Bedürftigkeit dürfen sie teilen, damit sie fähig bleiben, einander die Hand zu reichen. Aber ihre Bedürftigkeit darf nicht in Abhängigkeit führen, sonst liefern sie einander aus. Und keiner darf dem anderen ausgeliefert sein. Du darfst deine Liebe verschenken, aber niemals deine Freiheit. Du darfst die Hand eines Menschen streicheln, aber niemals darfst du ihn in Ketten legen.

Sie beschlossen auf dem Berg zu bleiben. Noch heute Nacht, Maria und Jesus. Und sie erlaubten sich, einander zu erzählen von ihren Träumen. Auch von ihren Ängsten und Gefühlen. Das war etwas sehr Besonderes. Sie ließen einander ihr Herz offen und erlaubten sich einen Spaziergang durch die hungernden Teile ihrer Seele. Es war der Hunger nach Nähe.

Selig, ihr Weinenden

Lk 6,21b

Als längst die Worte schwiegen, weinten beide, Maria und Jesus, hinein in eine Nacht, die so still war und rein wie selten eine Nacht, damals, als alles begann. Sie erlaubten sich ihre Tränen. Vielleicht das größte Geschenk, das zwei Menschen einander schenken können. Sie erlaubten sich ihre Tränen. Es waren Tränen der Angst und der Verlassenheit. Tränen der Sehnsucht gegen allen Anschein. Es waren Tränen ihrer Liebe gegen den Tod. Es waren die Tränen des Abschieds gegen das Vergessen. Tränen der Leidenschaft gegen allen äußeren Schein.

Beide kannten sie die Menschen gut. Die Menschen verbergen nichts lieber als ihre Tränen. Sie machen angreifbar und verunsichern. Und also weinen die meisten Menschen nicht mehr. Nicht öffentlich. Manche gar nicht mehr. Sie sind so sehr gefangen in ihrer Welt des Äußeren, in der es keinen Platz mehr gibt für Tränen. Es ist dies die größte Untugend der Menschen, dass sie meinen, immer stark sein zu müssen.

Soldaten weinen nicht. Priester nicht und die Mächtigen weinen ebenso wenig wie der Nachbar von nebenan. Was zählt, ist die Fassade der Stimmigkeit. Alles, was einen Menschen verletzbar machen könnte, lassen wir verschwinden in einem Getto des Lachens, sprach Jesus, als Maria erwachend ihre Tränen aus den Augen wischen wollte. Mir sind die Menschen, die niemals weinen, unheimlich, sprach Maria in den beginnenden Morgen. Ich möchte einen Menschen verstehen und spüren können. Ja, manchmal fürchte ich mich vor dem reinen Lachen der Menschen, die keine Tränen mehr kennen. Ihr Lachen wirkt oft kalt, weil die Erleichterung einer durchweinten Nacht nicht zu spüren ist. Wenn das Lachen eines Menschen zur Fassade wird, werden Gedanken und Gefühle undurchdringbar und die Mauern zum Selbstschutz eines verunsicherten Lebens.

Ich habe mich meiner Tränen nie geschämt, sprach Jesus. Er erzählte vom Tag, als er als Zwölfjähriger im Tempel geweint hatte. Es war nachts. Nach der Auseinandersetzung mit seinem Vater und seiner Mutter. Er war zwölf Jahre alt und spürte, wie er die Pilgergruppe, mit der er nach Jerusalem unterwegs war, verlassen musste. Er konnte damals nicht genau verstehen, was ihn dazu brachte. Heute wusste er, dass es zu seiner Suche nach dem eigenen Weg notwendig war. Aber er musste die Tränen bitter spüren, die ihn haben erwachsen werden lassen. Er kannte die Propheten, kannte die Gebete Israels. Und doch wollte er sie nicht einfach äußerlich nachbeten. Er wollte spüren und verstehen, wer er selbst war im Gebet. Er wollte sein eigenes Leben verinnerlichen mit den Gedanken der Alten. Wie es war, rein äußerlich zu leben, das sah er an anderen. Sie plapperten die heiligen Texte nach und wussten ihre Stellung zu beschreiben in jedem Tageslauf. Gebete für den Morgen und Gebete der Nacht. Gebete der Freude und Gebete des Leides. Es gab Gebete für Hochzeit und Gebete der Trauer. Für alles gab es Gebete und Weisungen der Alten. Aber die Gebete stehen ständig in der Gefahr, reine Oberfläche zu bleiben. Er wollte sie durchleiden und durchleben. Er wollte ihr inneres Glück spüren und ihr Leid. Und was er nicht verstand, wollte er hinterfragen. Und so blieb er im Tempel damals, als er gerade zwölf Jahre alt war, und stritt mit den Gelehrten. Was sie sich erhofften in den Gebeten, wollte er wissen. Er wollte ihre Sehnsucht spüren, wenn sie die Propheten zitierten, und er wollte die Schrift lebendig in seinem Herzen spüren. Als er spürte, dass seine Eltern ihn einfach wieder zuhause haben wollten, behütet und als Kind, da musste er widersprechen und bleiben. Das spürte er damals. Es war nicht leicht, in Widerspruch zu geraten mit der eigenen Mutter, mit Josef, dem Vater. Und doch. Er konnte nicht anders und weinte des Nachts. Auch weil den vielen die Äußerlichkeit des Heiligen genügte. Und seine Gedanken zogen fort in weite Zukunft. Er würde weinen über ganz Israel. Auch das spürte er. Er würde weinen über eine Stadt, die sich selbst vergessen hatte und ihren Gott. An den Orten des Heiligen machten sie ihre Geschäfte und opferten einem Gott, der Opfer nie gefordert hatte. Ein zerrissenes Herz, aber keine Opfer. Er wusste, dass die Opfer des Tempels nicht Gott galten, sondern dem Tempel hier auf Erden. Es war der Tempel der Macht über die Menschen, wie es sie immer gab, solange Menschen über Menschen herrschen konnten. Weinend werde er der Macht ohnmächtig gegenüber stehen. das spürte er. Und er spürte Marias Tränen heute schon. Am Tage seines Sterbens würde sie sie weinen. Es würden bittere Tränen des Abschieds sein. Tränen der Liebe. Tränen unerfüllter Sehnsucht und Leidenschaft. Tränen der Verlassenheit, die er ihr nicht ersparen konnte. Und doch kannte er auch die Tränen der Freude, die er vergossen hatte, als der Mann mit seiner verdorrten Hand sein Leben wieder selbst in die Hand nehmen konnte. Weil ihm die Schuld genommen wurde, die auf ihm lastete und ihm sein Leben erstarrt war in der Unfähigkeit, es zu gestalten. Wie zynisch war das Lachen derer, die ihn verdorren ließen, und wie mild waren die Tränen der Vergebung und herzlich sein Lächeln, als das Leben neu begann. Ich habe so viele Mütter weinen sehen, sprach Maria. Es waren Tränen der Sorge über ihre Kinder. Wie sollten sie erwachsen werden in einer Welt der Kälte. Wie sollten sie ihren Kindern das Vertrauen in eine Welt bewahren helfen, das sie im Mutterleib noch verspürt hatten, in der machtvollen Eiszeit einer Welt, die nicht auf Vertrauen aufgebaut ist, sondern auf die Macht und Stärke der Mächtigen. Waren nicht die Kinder zu zerbrechlich, als dass sie sich wehren konnten, nicht selbst zu Kriegern der Macht zu werden, bevor das Leben sie überrollen sollte.

Wir schulden einem jeden Menschen Achtung, sprach Jesus, besonders die Achtung vor seinen Tränen. Wenn Denken und Fühlen, das Wahrnehmen und Empfinden nur noch hinter den Schutzmauern der Angst vor Wahrhaftigkeit stattfinden können, dann verliert sich die Menschlichkeit in reines Dasein. Lass immer deine innere Gestimmtheit zu, Maria. Lass deine Gefühle stets sichtbar sein in deinem Wesen. Wer Gefühle verbirgt, der vergewaltigt seine Seele. Lass in deinem Lachen auch die Tränen fließen und bleibe berührbar an deiner Seele. Aber mache ich mich damit nicht verletzbar und zerbrechlich, fragte Maria. Ja, die Menschen werden dich verletzen. Sie werden dir deine Gefühle nicht erlauben und sie werden dir verbieten, in Einheit zu leben mit deinem Glück und deinem Leid. Sie wollen die Trauer nicht teilen und die Angst kommt ihnen entgegen. Denn die Angst macht dich verführbar. Und doch, wer seine Angst zeigen kann, der findet auch Hände, die trösten. Schau, Maria. Wenn ich dich berührte und fände in meinen Händen nur die Mauern um dein Herz, wie sollte ich deine Seele erreichen. Und wenn ich dich sähe nur immer mit einem Lachen und könnte nicht erahnen, ob es von Herzen kommt, wie sollte ich deine Trauer berühren können. Nein, Menschen brauchen eine Tür zum Menschen und diese Tür können nur gelebte Gefühle sein. Ich kann an keiner Mauer Anteil haben, sondern immer nur am lebendigen Herzen. Scheue dich nicht, ganz du zu sein. Ich berühre deine Angst behutsam und werde tanzen mit dir im Glück. Ich werde den Himmel erstürmen in deiner Leidenschaft und Täler durchschreiten in Nächten der Angst. Ich werde dein verwundetes Herz behutsam halten in den Händen liebevoller und zarter Nähe und heilen deine zerbrochenen Flügel des Himmels. Ich schenke dir das Glück, weinen zu dürfen in einer Zeit des gefrorenen Lachens.

Komm, lass uns hinabsteigen zu den Menschen. Sie warten, berührt zu werden von der Treue des Himmels, der alle Tränen trocknet in der Nähe eines Menschen, der dir geschenkt ist, bei dir zu sein und zu bleiben. Das wird der Himmel sein auf Erden. Das Geschenk eines Menschen, vor dem du dich nicht zu fürchten brauchst, weil er um deine Tränen weiß und mit dir weint, bis der Tag beginnt.

Komm, sprach Maria, lass uns gehen und sage den Verzagten: Selig, die ihr jetzt weint, denn ihr werdet lachen.

Freut euch an jenem Tag

Lk 6,22–23

Willst du allen Kranken die Hände auflegen, fragte Maria Jesus. Das kannst du nicht. Es sind zu viele. Nein, Maria, ich kann nicht alle Menschen berühren, du hast schon Recht. Aber ich kann ihnen die Angst nehmen. Jede Berührung ist ein Aufschrei gegen die Angst. Ich möchte, dass Menschen ihre Angst verlieren. Aber sie sitzt so tief, sagte Maria. Sie ist Teil unserer Welt und solange diese Welt besteht, wird die Angst bestehen. Dann, sprach Jesus, brauchen wir eine neue Welt. Und sie werden uns hassen für jeden neuen Gedanken, den wir zu lieben lernen. Denn die Welt will keine neue Welt. Es ist im Grunde so einfach. Eine gekaufte Welt will sich immer neu prostituieren. Wir haben uns an den falschen Glanz gewöhnt und an den Zauber der Macht. Sie setzten sich. Maria legte ihre Hand in die seine, als er zu erzählen begann. Und er sprach zu ihr, als wäre sie ein kleines Kind, dem zu verstehen der Verstand noch nicht ausreichte. Sieh her, sprach er. Ich halte deine Hand. Was magst du noch mehr. Hast du bereits Angst, dass ich sie zu fest drücken könnte, deine Hand? Dann hat die Angst dich schon gefangen und du wirst sie mir entziehen. Solange du mich aber spürst als deinen Freund, wirst du dich niemals fürchten. Denn ein Freund wird dir deine Hand immer so halten, dass du dich geborgen in ihr fühlst. Siehst du. Das haben wir verloren. Wir haben das Gefühl verloren, einander Freunde sein zu dürfen. Wir denken in Kategorien von Macht und Ohnmacht, von Stärke und Leid. Wir denken in Gedanken von Gut und Böse. Stärke und Unterdrückung bestimmen unser Leben. Wir denken, dass wir Menschen einander das Leben schulden und also müssen wir uns Zuneigung verdienen. Solange du aber das Gefühl hast, du müsstest dir das Leben verdienen, wirst du in der Angst leben, es auch wieder verlieren zu können. In Wahrheit besteht das wahre Leben aber immer aus Befähigungen und Bedürfnissen. Es gibt keinen Menschen, der nicht begabt ist, und es gibt keinen Menschen, der nicht bedürftig ist. In meiner Welt werden Begabungen gefördert und Bedürfnisse gestillt. Es gilt nicht, allein Krankheiten zu heilen. Es gilt, das System zu vernichten, das dich krank macht. Eine Welt, die dich aus sich heraus nicht heilen kann, ist nicht die Welt des Vaters. Im Reich meines Vaters gibt es keine krankhaften Systeme aus Menschenhand. Den meisten Blinden unter uns fehlt nicht das Augenlicht. Ihnen fehlt der Mut zu sehen und zu schauen. Vielleicht haben sie auch zu lange im Elend gelebt, sodass sie den Blick für das Schöne verloren haben. Vielleicht ist ihnen das Licht geraubt worden, von Menschen, die das Licht allein für sich selber haben wollen. Solange es Räume des Lichtes gibt und Räume der Dunkelheit, werden Menschen blind. Aber stelle das Licht in einen einzigen Raum und die Welt der Dunkelheit verschwindet für alle. Besitz der Räume macht Menschen blind. Denn gleich wirst du deinen Raum verteidigen wollen, vergrößern, schützen. Und schon lebst du in einer gespaltenen Welt. In meiner Welt gibt es keine Schlösser mehr und keine Türen. Nur das unendliche Vertrauen, dass es ein geteiltes Leben sein wird. Es spielt keine Rolle, ob du groß oder klein bist, stark oder mächtig. Zu herrschen brauchst du nicht in meinem Reich. Du darfst lieben, uneingeschränkt. Du darfst nackt sein in deinem Garten und selbst in deinen blinden Momenten darfst du eine Hand spüren, die die deine hält. Und fürchte dich nicht, einmal lahme Schritte zu gehen. Du brauchst dich nicht ständig zu ängstigen, wenn du stehen bleibst. Die meisten Menschen rennen ständig, weil sie Angst haben, etwas zu verpassen oder dass ihnen jemand das Leben stiehlt. Aber in meinem

Reich gibt es nichts zu verlieren und nichts zu verteidigen. Lahme dürfen lahm sein, bis sie wieder zu Kräften kommen, und keiner muss über seine Kräfte leben. Es ist selbst Raum für die Schwachen und das Licht leuchtet ihnen, weil sie im selben Raum sein dürfen. Denkst du nicht zu ideal vom Menschen, fragte Maria. Nein, Maria. Ich denke, dass die Menschen falsch erzogen wurden. Die Menschen denken, es ginge dieser Welt gut, wenn sie gerecht wäre. Und die ganze Menschheit versucht sich immer neu am Gedanken der Gerechtigkeit. In Wahrheit wird die Welt durch diesen Gedanken immer brutaler, immer unmenschlicher. Denn was ist eine gerechte Welt? In einer gerechten Welt bekommt jeder Mensch das, was er »verdient«. Aber was verdient ein Mensch? Und wer legt es fest? Eine gerechte Welt ist angreifbar durch Ideologen und war es immer. Eine gerechte Religion ist immer die Hölle für jene, die die Gebote nicht halten können. Die Welt, von der ich träume, ist nie nur gerecht. Also, lass uns Gerechtigkeit neu denken. Nur wer diese Welt liebt, wird auch immer Platz für die Ungeliebten finden. Das beginnt am Tage deiner Geburt, Maria. Es beginnt mit dem ersten Blick deiner Eltern auf dein Leben. Verdankst du ihnen dein Leben, so wirst du ihnen dein ganzes Leben etwas schuldig bleiben. Eine Welt aber, die auf Schuld aufgebaut ist, wird dich eines Tages auch verurteilen. Und so beginnt der Kampf des Menschen gegen sich selbst. Nein, Maria. Du schuldest niemandem etwas für dein Leben. Es wurde dir geschenkt von einer höheren Macht, als es Menschen über Menschen je sein könnten. Dein Leben wurde dir geschenkt und allenfalls dürfen Menschen dein Leben begleiten. Aber niemals darf ein Mensch über dein Leben herrschen. Auch nicht über deine Gedanken und schon gar nicht über dein Herz. Dein Leben ist das Verlangen nach sich selber und nur die Sehnsucht ist dir geschenkt, es teilen zu wollen. Aber die Liebe ist nicht gerecht. Die Liebe ist verschwenderisch erbarmend. Das ist sie immer als erstes. Sie ist Erbarmen. Weil kein Mensch vollkommen ist, ist das Erbarmen die einzige Nahrung, die dein Herz braucht, um nicht zu Stein zu werden. Aber es muss ein gegenseitiges Erbarmen sein, sonst gewöhnen sich die Menschen daran, dass es bei dir immer Vergebung geben wird, und sie werden umso mehr versuchen, dich zu beherrschen. Weil die Liebe sich nicht beherrschen lässt, werden sie versuchen, dir die Liebe zu rauben. Und sie werden erst zufrieden sein, wenn du die Liebe eingetauscht hast gegen das Einhalten von Moral und Ordnung. Dann werden sie dich lehren den Kampf ums Überleben und die Gesetze der Dankbarkeit. Du wirst umgeben sein von Menschen, denen du etwas schuldest, und also wirst du versuchen, so viel wie möglich zu verdienen, um deine Schuld abzubauen gegenüber deinen Schuldnern. Deinen Eltern wirst du die größte Schuld abtragen müssen. Und wenn du selbst Kinder haben wirst, dann wirst du den Schuldenberg vererben, bis die ganze Welt verschuldet ist und der Kampf beginnt um die besten Ressourcen, die Schulden zu bezahlen. Besitz und Schulden werden dich treiben bis an jenen Abgrund, an dem die Welt heute steht. Und das Schlimmste ist: Die Menschen haben gelernt, sich dabei auch noch gut zu benehmen. Sie reden von sauberen Kriegen und betteln doch nur um deine Gunst, um dich in ihre Kriege zu verwickeln. Nein, Maria, lasse dich hassen von dieser Welt der verzweifelten und verführten Seelen. Lass dich hassen von den Menschen der Gerechtigkeit und tauche mit mir ein in die Welt der Liebe. Es gibt auch in ihr kranke Menschen und auch in dieser Welt der Liebe verlieren Menschen ihr Augenlicht und verlieren ihren Weg. Aber in meiner Welt können sie wieder gefunden werden. Kranke Menschen lassen sich an ihren verwundeten Seelen berühren, weil sie wissen, dass ihre Krankheit nicht verschuldet ist und sie keine Angst haben müssen, dass sie für jede Berührung später bezahlen müssen.

Woher weiß ich, Jesus, dass diese Welt existiert, fragte Maria. Und Jesus sah ihr in die Augen und lächelte sie milde an. Es war ein sehr liebevolles Lächeln. Du wirst es spüren, Maria, sagte er, Jesus. Menschen der Liebe spüren diese Welt in sich und werden sie am Leben halten. Schau, wir haben noch ein paar Winterabende und noch einen Sommer, es zu erspüren. Die Welt wird uns hassen, aber wir werden sie spüren, die Liebe des Vaters in unseren verwundeten Herzen.

Dann sag es allen, sprach Maria. Und er stand auf und rief mit lauter Stimme hinunter ins Tal.

Selig seid ihr, wenn die Menschen euch hassen und wenn sie euch ächten und fluchen und euren Namen als bösen verwerfen um des Menschensohns willen.

Freut euch an jenem Tag und hüpft. Denn da! Groß ist euer Lohn im Himmel. Denn gerade so machten es ihre Väter den Propheten.

Und er sah sich um und seine Liebe war groß in jenem Augenblick.

Weh euch

Lk 6,24–26

Noch blieben Maria und Jesus am Fuße des Berges allein. Sie saßen beisammen im Schatten eines Feigenbaumes. Verfluchst du die Reichen, fragte Maria Jesus. Es klang ein wenig so, als schmunzelte sie. Jesus blieb ernst und sprach zu ihr. Ich verfluche sie nicht, Maria. Ich mache mir Sorgen um sie. Reichtum an sich ist keine Schande. Es geht aber wohl um die Einstellung zum Reichtum. Geht es um reinen Besitz und damit um eine Absicherung im Leben, dann weise ich auf eine Gefahr im Denken hin. Diese Welt existiert nicht für sich allein. Für sich allein betrachtet ist diese Welt vergänglich. Ich habe nichts gegen Besitz. Auch ich genieße es, in Schönheit zu leben. Die Frage ist nur, ob das alles ist, was ich möchte. Dann wird es am Ende schlimm ausgehen. Denn je mehr Menschen begreifen, dass sie am Ende nur ihr Herz mit in den Himmel nehmen können, desto unruhiger werden die Besitzenden werden. Jedenfalls dann, wenn sie ihr ganzes Herz nur an ihren Besitz geklammert haben. Ich kenne auch reiche Menschen, denen es eine Freude ist, ihren Besitz zu teilen. Um jene mache ich mir keine Sorgen. Sie teilen Zeit, fürsorglich teilen sie ihr Leben in Raum und Zeit. Sie verstehen ihren Besitz als Verpflichtung, ihn zu teilen mit Menschen, die in Kummer leben. Das ist ein Reichtum, wie er mir gefällt. Andere, die ihn nur für sich horten, werden am Ende keine Tränen erwarten dürfen. Für wen haben sie gelebt außer für sich selbst? Am Ende werden sie allein sterben und vor Gott mit leeren Händen dastehen. Lohnt sich das, Maria? Ein Leben zu leben, um am Ende leer auszugehen. Ich glaube es nicht. Die wenigen Jahre, die wir hier auf Erden sind, sind zu kostbar, als dass wir uns hängen sollten an den Beitz der Vergänglichkeit. Ich spüre die Leere in den Augen derer, die nur besitzen wollen, und es macht mich traurig, wie wenig wir Menschen vom Himmel erahnen. Wenn immer nur der Bauch satt wurde in deinem Leben, was ist mit dem Geist, mit dem Herz, mit deiner Seele? Alles vergeht, außer deinem Herzen. Und deine Seele trägt es empor. Was hast du mitgebracht, wird der Vater fragen am Eingang des Himmels. Werden die Seelen hungern im Himmel, weil sie zu Lebzeiten nicht satt wurden. Werden sie trauern und klagen, weil sie jene verlacht haben, die weniger besaßen als sie selbst. Besitze, als besäßest du nichts, liebe, als wäre es das letzte Mal, und schweige und schweige, wenn alle Menschen dir schöntun. Maria! Ich will dir in einem Gleichnis vom Schweigen erzählen.

Schweigen kann himmlisch sein. Es braucht keine Worte mehr und das Einvernehmen ist bis in alle Winkel des Körpers spürbar. Die Hände ersetzen die Worte und die Blicke. Ja, Augen können reden und Hände tun es. Wenn es Geborgenheit ist, wird das Schweigen zur Quelle berührten Lebens. Hände sprechen von Zärtlichkeit bei jeder Berührung. Je zarter die Berührung, desto tiefer das Schweigen. Es ist berührend, wenn es zwischen Menschen keiner Worte mehr bedarf und allein der Herzschlag und der Blick in die Augen einen ganzen Roman ersetzen. Kann man ein solches Schweigen lernen? Manchmal wünschte ich es mir. Aber solches Schweigen ist ein Geschenk der durchschrittenen Zeit – gemeinsamer Zeit. Geborgenes Schweigen hat oft viel durchlitten, ist aber weithin durch erfahrenes Glück geprägt. Vertrauen setzt es voraus, gewachsenes und geschenktes Vertrauen. Manchmal auch wiedererlangtes nach vielen Worten. Ich kenne aber auch ein verzweifeltes Schweigen. Ein Schweigen, wenn die Worte versagen. Ein Schweigen der blind gewordenen Gefühle und der erlittenen Schläge. Ein Schweigen der Angst, wenn Worte zu sprechen sich die Seele nicht mehr getraut. Es gibt ein Schweigen einer unerfüllten Sehnsucht und verlachter

Gefühle. Es gibt ein Schweigen verlorener Hoffnung und unausgesprochener Träume. Vor allem das Schweigen der Angst macht mir Sorge. Wenn sich Menschen vor anderen Menschen nicht mehr zu offenbaren getrauen. Und sei es die Bitte um ein wenig geteilter Zeit. Oder ein offenes Ohr. Menschen, die schweigen, sind oft verletzt worden. Gewalterfahrungen, die sich festsetzen in den Herzen, bringen Menschen zum Schweigen. Zerbrochene Beziehungen bringen Menschen zum Schweigen. Unachtsamer Umgang mit Menschen bringt Menschen zum Schweigen. Schockstarre der Einsamkeit bringt Menschen zum Schweigen. Der Tod, der Verlust von Vertrautheit und die Nähe eines Menschen, der nicht mehr bei uns ist, bringen Menschen zum Schweigen. Überhöhte Erwartungen bringen Menschen zum Schweigen. Überforderung und die Angst zu versagen bringen Menschen zum Schweigen. In der Nähe von Menschen, die schweigen, ist besondere Sensibilität gefragt. Und es bedarf nicht sofort neuer Worte. Es bedarf einer Aufmerksamkeit für die verwundeten Stellen der Seele, die keine Worte mehr zulassen. Es bedarf verstehender Gesten, besonderer Blicke und einfühlsam zärtlicher Hände. Und es bedarf Zeit. Zeit, das Schweigen nicht zu überhören und ein Öffnen der Seele überhaupt wieder zu erlauben. Erlaubnis gegen das Schweigen bedarf wiederum keiner Worte. Es bedarf einer fühlenden, spürenden Nähe. Einer Schwingung des Herzens und dem Gefühl, dass Berührung nicht neue Schmerzen verursacht. Ein jeder von uns schweigt. Manchmal brauchen wir auch die Zeiten des Schweigens ganz für uns. Ich möchte nur spüren, ob es ein gesundes, vertrautes Schweigen ist oder ein angstvoll verschlossenes. Geglücktes Schweigen möchte ich durch Worte nicht stören. Doch die gequälten Seelen des Schweigens möchte ich wahrnehmen. Aufmerksam, behutsam, schweigend. Allenfalls berührend mit den Augen, noch vorsichtig mit den Händen. Und wenn überhaupt, dann mit leisen Worten.

Gleiches, Maria, gilt für Besitz und Reichtum. Er kann zum Segen werden oder zum Fluch. Du spürst es am Lächeln eines Menschen. Es gibt Menschen, deren Lachen dich zerstören kann und dich verletzen wird in deiner Seele. Es ist das Lachen der Besitzenden, die niemals etwas geteilt haben außer dem Hohn ihres Lachens, das geringschätzig in die Sehnsucht deines Herzens fällt. Mich ängstigen diese oft sehr selbstbewussten Menschen. Am Ende wird ihr Lachen erstarren, wenn der Himmel ihnen den Spiegel ihres Lebens zeigen wird. Ihr Lachen wird zur eigenen Einsamkeit und ihre Leere zum Aufschrei ihrer Seele nach Nähe, die selbst der Himmel nicht mehr schenken kann. Was soll der Himmel vollenden, wenn nichts vorhanden ist. Der Himmel wird schweigen. Und das Schweigen wird fürchterlich sein.

Ich besitze nur meine Liebe, sprach Maria. Meine Liebe und meine Sehnsucht nach Leben. Lass uns zu den Menschen gehen, Jesus, ich spüre, wie sie deine Zeit brauchen, dein Lachen und dein Schweigen. Ich spüre, wie es sich vermehrt in den Herzen derer, die am Wegesrand weinen. Sie brauchen deine Worte und deine Hände. Ich spüre ihre Sehnsucht, im Herzen berührt zu werden. Warte, Maria, lass uns noch einen Augenblick für uns sein. Ich möchte deine Berührung spüren und schauen, wie die Sonne dein Haar streichelt und der Wind. Ich möchte deine Nähe riechen und den Augenblick des Schweigens aufsaugen in meinem Herzen. Du ahnst nicht, wie viel Kraft du mir schenkst in diesem Augenblick.

Und sie umarmten einander inniglich. Spürten ihrem Schweigen nach, bis er sie los ließ. Die ersten Menschen kamen aus den Dörfern hinaus aufs Feld. Und hörten und staunten, als er sprach.

Weh euch, ihr Reichen, denn weg habt ihr eure Ermutigung.
Weh euch, die ihr jetzt vollgestopft seid, denn ihr werdet hungern.
Weh euch, die ihr jetzt lacht, denn ihr werdet trauern und klagen.
Weh euch, wenn alle Menschen euch schöntun.

Liebt eure Feinde

Lk 6,27–29

Als er, Jesus, sie ansah, einen nach dem anderen, wie sie gekommen waren aus den Dörfern und Städten, Fremde und Freunde, da sprach er zu ihnen über die Feinde. Spürt ihr in eurem Herzen den Hass, der Menschen überkommt, wenn ihnen ein Fremder begegnet, oder ist es Neugierde und die Sehnsucht, die Fremdheit zu überwinden? Solange euch die Angst vor der Fremde bestimmt, wird euch die Angst zur Verteidigung zwingen. Schließlich werdet ihr euch bewaffnen, um den Fremden zu vertreiben oder ihn zu erobern. Noch will der Hass nicht verstehen. Er will nur bewahren und die Ordnung in euch aufrecht halten. In der euch bekannten Welt darf niemand Einlass verlangen, erwarten, erbitten oder gar fordern. Spürt eurem Herzen nach. Seid ihr feindselig gegenüber der Fremdheit, dann wollt ihr die Fremde nicht begreifen, dann wollt ihr sie vernichten, um eurer kleinen Welt gerecht zu bleiben. Dann aber will die Feindseligkeit dem Fremden schaden. Bedrohung wird zur Angst. Seid euch bewusst. Das geht dem Fremden nicht anders. Denn für ihn bist du der Fremde und er wird sich bedroht fühlen in seiner Heimat. Habt ihr schon einmal versucht, euch selbst zu sehen und zu empfinden mit den Augen des Fremden? Du bist der Fremde. Und deine Angst ist seine Angst. Er wird vor dir fliehen, wie du vor ihm fliehen wirst. Er wird dich bedrohen, wie du ihn bedrohen wirst. Ihr werdet aufrüsten die Gebärden des Kampfes. Erst in eurer Sprache, dann in eurer Kleidung, schließlich in den Gesten und den Kriegen der Angst gegen das Fremde. Schließlich will die Feindseligkeit dem anderen Schaden zufügen. Er soll verschwinden und wird er zu mächtig, dann soll er auch vernichtet werden. Aber du bist der Feind in den Augen deiner Feinde. Bedrohung folgt aus der Angst in dir. Und ein Gefecht wechselseitiger Bedrohung ist die Folge und der Krieg, den niemand gewinnen kann. Aus der Sehnsucht nach der eigenen Sicherheit wird das Zerwürfnis erst mit der eigenen Menschlichkeit, die stets verloren geht, wenn sich Menschen schützen wollen. Was sind wir nur für Menschen, dass uns unsere Schutzbedürftigkeit zu Kriegern macht? Wir fühlen uns gegenüber dem Fremden so schwach, dass wir aus Schwäche Stärke demonstrieren, die wir selbst gar nicht verspüren. Das macht uns innerlich so unsicher und wild, dass uns das Kriegsgeschrei stärken soll. Das Gefühl, das entsteht, ist paradox und gefährlich. Je kleiner wir uns fühlen, desto lauter schreien wir. Und je bedrohter wir uns fühlen, desto bedrohlicher wirken unsere Gesten, Schreie und Taten für unsere Gegner, die sich ja selbst viel zu klein fühlen, dem Fremden – das sind wir – standzuhalten. Die Angst in uns lässt uns gänzlich unsere Menschlichkeit verlieren. Aber bedenken wir die Angst, die wir empfinden. Es ist die gleiche Angst, die unsere Feinde für uns empfinden. Und nur wenn wir unsere eigene Angst überwinden, wird es überflüssig sein, dem Fremden Angst zu machen.

Woher aber kommt der Hass auf alles Fremde? Vielleicht weil wir das Fremde nicht verstehen, nicht begreifen können. Die Sprache nicht und nicht die Gesten. Solange wir unseren Feinden nicht in die Augen sehen, werden die Angst und der Hass niemals vergehen. Schließlich tut derjenige, der hasst, noch gar nichts. Er spürt nur seinen Widerwillen gegen das Unbekannte und Fremde. Oder er fühlt sich im Recht oder in seinem Recht beschnitten. Das Recht auf Land, Kultur, Ressourcen, Frau, Kinder, Haus und Hof, was immer. Und es fühlt sich an, als würde dir der Fremde auf die »Rechte« schlagen. Sagen wir auf die Wange. Was wird der Rechtsstreit dir bringen? Vor immer neuen Gerichten werdet ihr ausfechten, was längst zum Krieg wurde. Erst in euch, dann auf den Schlachtfeldern der geschlagenen Menschlichkeit. Am Ende siegen immer die Stärkeren. Es sind die Menschen, die das Versteckspiel der Angst am besten beherrschen.

Heute, so sprach Jesus weiter, fordere ich euch auf: Durchbrecht das Gesetz der Fremdheit. Und überwindet eure Angst voreinander. Brecht die Angst auf und schaut euren Feinden in die Augen. Das müsst ihr tun, noch bevor ihr euch bewaffnet habt. Denn sonst werdet ihr in den Augen der Fremden immer nur eure eigene Angst sehen und den Hass, der sich in den Augen des Fremden spiegelt. Noch ist die Liebe zu den Feinden keine Emotion, noch keine Freundschaft. Aber es ist die Überwindung der Angst in Empathie. Versucht den Menschen zu sehen in allem, was euch widerfährt. Und lasst euch berühren, gerade an den verwundeten Stellen eurer Seele. Unterschätzt euer Lachen nicht. Es gibt kaum eine Geste, die das Eis der Fremdheit so schnell schmelzen lässt wie ein Lachen, das aus euren Herzen kommt. Verflucht nicht die Sprache, die ihr nicht versteht, sondern sucht nach der Sprache in euch, die die ganze Menschheit versteht. Ein Lächeln, das verbindet. Denn wen ihr verflucht, den habt ihr seiner Sprache beraubt, noch bevor ihr euch nahe genug gekommen seid, einander zu verstehen. Wer im Fluch lebt, der ist verbannt, und keine Macht auf Erden wird einen Fluch zwischen Menschen sprengen können. In der Verbannung ist es immer Nacht und Einsamkeit treibt die Dämonen der Angst zu Taten der Vergeltung. Sperrt einen Menschen ein und er wird euch ebenfalls fluchen. Preist seine Menschlichkeit, bevor ihr sie beide verliert, und die Brücke ist begangen im Augenblick der ersten Lieder. Versucht Lieder der Fremde zu erdichten in euren Abendstunden. Lasst sie vom Meer singen und von der unbekannten Weite. Noch bevor die Fremde euch kränken kann, müsst ihr die Weite lieben und das Unbekannte ersehnen.

Nur wer die Angst verliert vor der Nacht, wird sie durchschreiten können. Einsamkeit tauscht ein gegen die Zärtlichkeit und die Sehnsucht, das Fremde berühren zu wollen. Scheut euch nicht vor den Berührungen, die niemals verletzen können, wenn keine Angst im Spiel ist. Berührungen, die angstvoll geschehen, tun weh noch im selben Augenblick. Und betet für jene, die euch kränken. Betet zum Gott der ganzen Menschheit, gleich welchen Namen er trägt in der Fremde. Betet, dass euch sein Geist vereint, noch bevor euch die Kränkung zu Feinden macht. Glaubt ihr an Gott? So glaubt an den Gott aller Menschen. Alles andere kann kein Glaube sein. Nur ein Gott der Fremde ist auch ein Gott der Nähe und nur wer schützend über allen steht, kann euch vereinen. Glaubt jenen nicht, die euch einreden wollen, es gäbe einen Gott ganz allein für euch. Jene, die so lehren, sind schon angsterfüllt und versuchen sich abzugrenzen. Denn im Grunde wollen sie auch Gott besitzen. In ihren Gedanken allerdings ist Gott viel zu klein. Wenn euer Gott nur ein Gott eines Volkes ist, eines Gedankens, einer Sprache oder eines Landes, wird euch das führen in Kriege gegen andere Götter und Welten. Sperrt den Gedanken an Gott nicht in eure einsamen Herzen. Befreit eure Gedanken zu einem Gott der Menschheit und ihr werdet den Menschen entdecken.

Und dann wird es nicht darum gehen, Recht zu bekommen. Beschämt eure Feinde und haltet nach der rechten Wange noch die linke hinzu. Lasst euch erniedrigen durch eure Feinde. Einer verlangt dein Obergewand? Gib ihm den Leibrock dazu. Wie viele Menschenleben wird es kosten, den Weg der Gewaltlosigkeit zu gehen? Es werden viele sein. Aber den Weg des Krieges zu gehen und der Feindschaft, wird die Zahl an Menschenleben, die das kostet, ins Unermessliche treiben. Wir drohen zu ertrinken im Blute unserer Einsamkeit. Und nur wer die Fremde aufhebt in seinem Herzen, hat die Chance, Feindschaft zu überwinden.

Ja, so sprach Jesus, ich bitte euch. Seid schwach und legt eure Angst in euer Herz. Singt Lieder der Sehnsucht und lasst euch befreien aus den Schlachtfeldern der Fremde. Und also sprach er:

Liebt eure Feinde! Tut wohl euren Hassern. Sprecht die Preisung über die, die euch verfluchen. Betet für die euch Kränkenden. Wer dich auf die Wange schlägt, dem halte auch die andere hin. Und wer dir das Obergewand wegnimmt, ihm verwehr auch den Leibrock nicht.

Erbittet nichts zurück

Lk 6,30

Am Abend saßen sie beieinander, Maria und Jesus. Und Maria fragte ihn leise: Also auch den Leibrock? Weißt du, was du verlangst? Nicht genug, dass du den Raub billigst, Jesus. Jetzt soll ich auch noch schutzlos des Nachts auf meiner Pritsche liegen? Der Leibrock schützt vor der Kälte der Nacht, vor den Strahlen der Sonne, vor dem Staub der Wüste. Nicht nur beraubt, jetzt auch noch schutzlos? Bist du sicher, dass du es nicht übertreibst, Jesus? Es sind böse Menschen, sprach Maria, die uns das antun. Vermehrst du nicht das Böse und schützt Verbrecher?

Kein Mensch, Maria, kommt als Verbrecher auf die Welt. Und kein Mensch ist böse geboren. Viele Räuber waren vor ihrer Zeit Bettler, vergiss das nicht. Ihnen schenktest du dein Mitleid und gabst ihnen Speise an den Toren der Stadt. Denn kein Mensch bettelt freiwillig. Ihnen wurde das Leben entzogen und die Gründe sind immer dem geschuldet, dass wir Menschen sind, stark und schwach gleichermaßen. Sie haben betrogen und wurden enteignet. Ihnen ist das Vieh gestorben. Sie wurden beraubt und Krankheit raubte ihnen die Frau. Sie waren im Krieg und kehrten heim und fanden das Ihre nicht mehr. Maria, ich könnte dir stundenlang erzählen, warum Menschen zu Bettlern werden. Und selten hat es mit Schuld zu tun und niemals mit Sünde. Aber vielleicht ertragen Menschen kein Mitleid. Vielleicht verletzt Mitleid sie in ihrer Scham. Und dann kann es sein, dass Bettler zu Räubern werden, weil sie sich keine andere Handlung mehr leisten können. Vielleicht fehlt ihnen der Glaube an etwas Gutes, weil sie nichts Gutes mehr erfahren haben. Sie sehnen sich nach unserer Nähe und Wärme und können nicht mehr anders, als uns unser Gewand zu stehlen, weil sie nichts anderes mehr bekommen, außer unserem Mitleid. Um was ich dich bitte, Maria, erspare ihnen die Ausübung von Gewalt. Gewähre ihnen, was sie nicht mehr erbitten können. Verletze die Gewalt durch deine Großzügigkeit. Betrachte den Räuber, der dich zu erpressen sucht. Ist er nicht selbst schon beraubt. Beraubt seiner Friedfertigkeit. Beraubt seines Denkens an das Gute. Beraubt seiner Gemeinschaft mit uns, die wir leben in den Häusern der Sicherheit. Wir nennen ihn gewalttätig und verbieten ihm unsere Gastfreundschaft. Aber was hat ihn gewalttätig gemacht? Vielleicht ist es der Verlust von Nähe und Gemeinschaft, die Menschen in die Gewalt treiben. Betrachte jene, die du verachtest und fürchtest aus jener Nacht heraus, aus der sie kommen. Es ist das Fieber ihres Elends, das sie treibt, ihre Mutlosigkeit und betrogene Sehnsucht. Und sie üben Gewalt und werden gewaltig verfolgt. Also verhindere als erstes, dass jene Gewalt ausüben können.

Und nahm sie liebevoll in den Arm. Er, Jesus, Maria. Er lächelte sie freundlich an und sprach. Schau, ich schenke dir meine Nähe, noch bevor du darum bitten musst. Welch glückliche Frau bist du in meinen Armen. Stell dir vor, du müsstest betteln um meine Nähe. Du würdest von Tag zu Tag einsamer werden. In deinem Herzen wäre bald Nacht und die Kälte der Nacht würde Einzug halten in deine Seele. Schließlich würdest du betteln. Und wie bitter wäre dir jede Umarmung, wenn du spüren würdest, sie würde dir gewährt aus Mitleid. Bald schon würdest du die Umarmung meiden. Du wolltest nicht geliebt sein aus Mitleid. Und bald wirst du dir nehmen, was dir vorher nicht geschenkt wurde. Du würdest zur Diebin in der Nacht und verstoßen aus den Herzen, selbst der Mitleidigen. Aber was hättest du getan. Nein, Maria, dir ist immer vorher verweigert worden, was du zum Leben gebraucht hättest, bevor du zur Diebin werden würdest.

Maria. Ein Wort der Vergebung schenke ich dir in jeden Abend. Ich tue es, weil ich weiß, dass kein Mensch auch nur einen Tag ohne Schuld bleibt. Irgendetwas geschieht an jedem Tag. Eine Träne, eine kleine Verletzung, ein Augenblick übergangener Nähe. Ein unaufmerksames Wort, eine kleine Bosheit. Alles fängt im Kleinen an. Darum schenke ich dir jeden Tag ein Wort der Vergebung, ein Zeichen meiner Liebe, eine Geste des Wohlwollens und einen Augenblick der Barmherzigkeit. Damit nichts, was dein Leben trüben kann, in dir groß werden kann. Außer der Liebe, die niemals klein ist. Aber was ist mit den Menschen, denen niemals vergeben wird? Menschen, die niemals Trost erfahren und Vergebung ihrer Schuld. Was ist, wenn die kleinen Verletzungen zu großen Wunden werden in ihren Herzen? Und die kleinen Bosheiten nicht aufgefangen werden in den Armen der Liebe? In solchen Menschen wächst sich die Bosheit zum Charakter aus und die Schuld lässt diese Menschen wahnsinnig werden. Schließlich tragen sie so schwer an ihrer Schuld, dass sie beginnen, den Ballast in ihnen zu bekämpfen. Sie fühlen sich missgebildet an ihrer Seele, zerrieben von ihrer Schuld und gefesselt in ihrer Nacht grausamer Gedanken. Maria, ungeliebte Menschen wehren sich und stehlen sich, was sie ersehnten. Und wem keine Vergebung zuteilwird, auf dem lastet die Schuld so erbärmlich schwer, dass er sich gewalttätig lossagt von allem, was ihm an Gutem verweigert wurde.

Maria. Ich lasse dich auch teilhaben an meinen Gedanken, an meinen Hoffnungen und Sehnsüchten, an meinen Träumen und Ängsten. Ich erzähle dir immer von meinen Sorgen und Tränen, und wir tanzen in unserem Glück. So bleiben unsere Gedanken das Band zwischen unseren Herzen und gemeinsam ersteht zum Leben, was wir uns erhofften. Und wir tragen gemeinsam am Unglück des anderen. Wir tanzen gemeinsam und weinen gemeinsam und so finden wir Trost in den Händen der Liebe. Aber was geschieht mit Menschen, die keinen Gedanken teilen können. Ihren Schmerz nicht und nicht ihre Hoffnung. Menschen, die das Tanzen verlernt haben und denen die Tränen zum Meer geworden sind. Doch das Ufer ist zu weit entfernt, als dass noch Rettung wäre für jene, die ihr Leben nicht teilen können. Ihnen werden die Stimmen zu ordnen zu viel. Und ungeteilte Träume sterben. Glück zu erleben wird zur Sucht und aus den Ängsten beginnen die Kämpfe. Erst gegen das Alleinsein, dann gegen alle, die noch Glück verspüren. Unglückliche Menschen ertragen das Glück der anderen nicht. Aber was ist ihre Schuld? Schuldig geworden sind all jene, die diese Menschen alleine ließen.

Und also, Maria, wenn jemand dich fordert, dich herausfordert, dich zu erpressen sucht. Suche du den Erpressten in ihm. Suche in der Forderung die Überforderung in ihm. Und demütige ihn nicht, indem du seine Gewalt forderst. Es wird ihn noch tiefer treiben in seine Nacht. Schenke ohne Unterlass deine Liebe, deine Vergebung, deine Nähe, deine Träume, auch dein Gewand. Und tröste dich in der Nacht an meiner Nähe. Fordere niemals deine Liebe zurück. Fordere niemals deine Vergebung zurück. Versage niemals deine Nähe einem Menschen, dem du sie schon gewährt hast. Und also fordere auch dein Gewand nicht zurück.

Denn siehe, Maria, geforderte Liebe wird von Tag zu Tag kleiner. Schließlich wird sie zum Geschäft der gekauften Träume. Was aber sind die gekauften Träume wert. Auch sie werden zur Ware und wieder beginnen wir die Liebe zu verwalten. Schenk deine Liebe ohne Unterschied. Vielleicht braucht sie dein Gegner noch mehr. Erlaube der Einsamkeit nicht den Triumph der ausgeübten Gewalt. Denn diese Gewalt wird niemand mehr stoppen können. Ich zähle die verwundeten Herzen, die niemals getröstet wurden, und weine über die vergebenen Chancen der Vergebung. Und dann strecke ich meine Hände aus, sie zu berühren. Maria, es sind so viele.

Die goldene Regel

Lk 6,31–36

Warum, Jesus, liebst du die Menschen, fragte Maria. Und er, Jesus, antwortete ihr am Abend, als sie allein vor der Herberge saßen. Ich habe, so sprach er, Angst vor der Macht der Einsamkeit. Die Einsamkeit lässt die Stille zur Leere werden. Unaufhaltsam frisst sich die Leere fest in deinem Herzen. Und sie wird zur Dunkelheit in dir. Im Dunkeln wirst du erst verunsichert, dann langsam. Die Hände beginnen zu zittern und die Füße fürchten sich bei jedem Schritt. Noch versuchen die Augen in der Dunkelheit zu sehen. Und lange Zeit reicht die Erinnerung noch aus. Schließlich bewegst du dich nicht mehr aus dem Haus. Die Angst kehrt ein und das Pochen des Herzens wird zum ständigen Begleiter deiner Angst. Noch sprichst du mit dir selbst, um die Angst zu vertreiben, aber schließlich beginnst du zu schweigen. Die Leere hat auch die letzten Wörter in dir zum Schweigen gebracht. Das Schweigen ist nicht beruhigend. Das Schweigen ist einfach nur leer. Die Furcht vor der Einsamkeit lässt Geister in dir erwachen, die dich ständig mit dem Lärm der Leere konfrontieren. In dieser lärmenden Stille beginnt die Gewohnheit dir vorzumachen, dies sei das Leben und die kleinen Ausbrüche hinein in gekauftes Glück wären nur der Lohn für Schmerzen, die du erträgst. Tatsächlich lässt sich das Glück aber nicht kaufen und die Leere ist nicht das Leben. Es ist das verlorene Leben, das beginnt, sich in dir auszubreiten. Wenn dich aber die Verlorenheit gefangen hält, dann ist dein Leben verloren. Du wirst tausend Gründe finden, warum du kein Glück mehr verdient hast. Zerbrochenheit sucht kein Glück mehr. Sie versucht die Scherben zu bewahren und meidet jede Berührung, weil sie Angst hat, dich erneut zu verletzen. Unverletztes Leben ist aber noch kein Glück. Menschen müssen einander verletzen, weil es keinen Menschen gibt, in dem nicht auch nur eine kleine Leere Zerbrochenheit hinterlassen hätte. Ich möchte, so sprach Jesus weiter, dass du mich an meinen zerbrochenen Stellen der Seele berührst. Und immer werde ich dich berühren. Meine zarte Hand werde ich immer auf dein Herz legen. Ich werde es tun, lange bevor wir einander lieben. Denn die Liebe zu schenken einem Menschen, der dich liebt, ist leicht. Von ihm weißt du, dass er dich nie absichtlich verletzen wird. Aber wie wird die Liebe geboren. Sie wird doch erst dort lebendig, wo sie ohne Vorbehalt geschenkt wird. Nur dort kann sie wachsen. Eine gesicherte Liebe ist kein Geschenk. Die Liebe möchte die Unsicherheit in dir lieben wie deine Tränen. Sie kennt die Berührung der zitternden Hände und liebt die Ungewissheit mehr als die Sicherheit einer vertrauten Zuneigung. Es ist die unverdiente Liebe, die die Leere füllen kann. Nur wenn sie geschenkt wurde im Augenblick der ersten Begegnung, wird sie zum Samen eines Lebens, das eben begonnen hat. Ja, nur die geschenkte frei geborene Liebe der Leere wird dir ein Licht sein können im Dunkel. Erbitte sie dir nicht. Du wüsstest nie, ob sie dir aus Mitleid geschenkt wird. Aber empfange sie mit ausgebreiteten Händen, wann immer sie dir geschenkt wird. Wenn nur die Sünder die Sünder lieben und nur die Gerechten die Gerechten, dann werden eines Tages auch nur die Glücklichen das Glück lieben und die in Schmerzen gehen, bleiben unter sich und allein. Du musst grenzenlos lieben, wenn die Welten sich zusammenfügen sollen. Und ich möchte, dass die Bettler aufhören zu weinen, weil sie geliebt werden. Ich möchte, dass die Unglücklichen auf die Knie fallen vor Ergriffenheit, weil ihnen ein Stück Leben geschenkt wurde ohne Bezahlung. Ich möchte, dass das Licht jene erreicht, die längst sich an das Dunkel gewöhnt haben. Liebst du nicht, um auch geliebt zu werden, fragte Maria. Oh doch, Maria, im Grunde des Herzens liebt jeder Mensch, um geliebt zu werden. Aber es gibt einen Unterschied. Die so lieben, erwarten meist die Liebe zurück. In dieser Erwartung aber wird die Liebe zur Ware und das Glück ist ein gekauftes Glück. Wenn ich Liebe schenke, dann erwarte ich sie nicht zurück. Ich habe nur die Hoffnung, dass sie nicht mit Füßen getreten wird. Aber selbst das muss ich in Kauf nehmen, denn ich werde sie verschenkt haben in diesem Augenblick. Und damit gehört sie nicht mehr mir. Das ist der Preis der Freiheit, dass die Liebe auch verloren gehen kann im Staub der Zeit. Maria, Liebe darf niemals zur Pflicht werden, denn dann wird sie auch zum Verlangen. Verlangen aber tötet die Liebe und die Pflicht lässt dein Leben in der Gefangenschaft der geschuldeten Dankbarkeit enden. Dann aber ist es keine Liebe mehr. Dann ist es der Tauschwert für erbrachte Leistungen. Mag sein, dass diese Art Liebe oberflächlich gut tut, aber sie erreicht nicht wirklich dein Herz. Sie wird zur geschuldeten Leistung deines Lebens und dein Herz bleibt leer. Es ist, als würdest du einem Menschen Geld leihen, von dem du es zurückerwartest. Du wirst es nur verleihen, wenn er dir Garantien gibt, es dir zurückzuzahlen. Deine Großzügigkeit wird genau betrachtet zum reinen Geschäft, das das Risiko scheuen wird. Und wieder bleiben die Reichen unter sich. Denn einer, der dich um Geld bittet und dir garantiert, es dir zurückzugeben, der ist in Wahrheit selbst reich. Was aber geschieht mit jenen, die keine Garantien geben können. Ihnen wirst du versagen, was sie zum Leben brauchen. Ich möchte auch denen geben, von denen ich nichts zurückerwarten kann. Erst dann beginnt für sie ein neues Leben. Und neu soll es werden für alle, die bettelnd am Wegesrand stehen. Und was, so fragte Maria, ist mit der Liebe, die mit Füßen getreten wird? Was geschieht mit der Liebe, wenn sie in den Staub getreten wird? Und er, Jesus, sprach. Es ist die Liebe, die dich zu Tränen rühren wird. Und du musst aufpassen, dass es dich nicht bitter macht, sie sterben zu sehen. Ja, es gibt die Liebe, die unter den Füßen der Menschen zertreten wird. Und wieder und wieder wirst du sie schenken. Bleibe bei der zerschlagenen Liebe nicht stehen. Denn die Bitterkeit der Tränen wird dich selbst bitter machen und die Leere in dir beginnt zu wachsen. Aber sei verschwenderisch mit der Liebe. Und verzweifle nicht an den Menschen, die sie nicht empfangen können. Es sind Menschen einer alten Welt, die das Licht der neuen Welt nicht erblicken können. Ich weine um sie. Aber ich bleibe nicht bei ihnen. Denn die Liebe zu empfangen, ist ein heiliges Gut. Menschen, die das Heil der Liebe nicht begreifen, werden auch mit dem Geschenk der Liebe nicht umgehen können. Ihnen reicht die geschuldete Liebe, die in Wahrheit keine ist. Sie wollen sich kaufen, was sie geschenkt bekommen könnten, und bleiben an der Oberfläche des Lebens stehen und lassen sich blenden vom Licht des geschuldeten Lebens.

Zum Glück wird die geschenkte Liebe, Maria, wenn zwei Menschen in sich spüren, dass sie das Geschenk des Lebens nicht nur empfangen mögen, sondern es auch teilen möchten. Dazu gehört viel Mut, Maria, denn die empfangene Liebe wieder loszulassen, ist ein großer Schritt. Wer möchte schon hergeben, was ihm gut tut. Und viel zu spät merken Menschen, dass die gefangen genommene Liebe wieder stirbt. Erst wenn sie zurückkehren darf in das Herz eines Menschen, der sie geschenkt hatte, beginnt das Glück. Das Glück wird die Leere immer noch kennen und den Schmerz. Aber es wird eine verzauberte Dunkelheit sein, die in der Seele wieder auflebt. Vielleicht wird sie schüchtern sein oder zurückhaltend. Vielleicht wird sie auch sehr leise sein und manchmal weinen. Aber die Liebe drängt danach, wieder verschenkt zu werden. Du wirst an die verlorene Liebe nicht mehr denken am Tage deines Glücks. Und Einsamkeit wird deine Welt nicht mehr kennen und die zerbrochenen Teile deiner Seele fügen sich in neues Glück. Das ist der Grund für meine Liebe. Sie möchte aus mir heraus und sie möchte wachsen. Sie möchte dich berühren, weil du es bist. Und sie ist frei. Sie ist das Geschenk des Lebens, das zu teilen ich gekommen bin.

So sprich es aus, sagte Maria, teile deine Liebe und teile deinen Gedanken. Und er, Jesus, sprach am Tag nach der Nacht.

Wie ihr wollt, dass die Menschen euch tun – tut ihnen Gleiches. Und: Wenn ihr die euch Liebenden liebt – welche Gnade habt ihr dafür? Denn auch die Sünder lieben die sie Liebenden. Und wenn ihr Gutes euren Guttätern tut – welche Gnade habt ihr dafür? Auch die Sünder tun dasselbe. Und wenn ihr denen borgt, von denen ihr zu empfangen hofft – welche Gnade habt ihr dafür? Auch die Sünder borgen Sündern, um dasselbe zurückzuempfangen. Vielmehr: Liebt eure Feinde und tut Gutes! Und borgt, wo ihr nichts zurück erhofft. Und euer Lohn wird groß. Und ihr werdet Söhne und Töchter des Höchsten sein; denn er ist gütig gegen die Undankbaren und Bösen. Werdet barmherzig, wie euer Vater barmherzig ist.

Richtet nicht

Lk 6,37–42

Kann ein Blinder einen Blinden führen? Sprach er mitten in der Nacht. Er war Schweiß gebadet. Er zitterte am ganzen Körper. Maria hielt ihn in ihren Armen. Es war, als hörten sie Musik aus all den Jahren, die nie begonnen haben. Sie hielt ihn fest. Sein Schmerz schien unstillbar. Maria, sprach er. Lass es doch einfach vorüber sein. Einfach vorüber. Du darfst nicht aufgeben, sprach Maria. Nein, ein Blinder kann einen Blinden nicht führen, sprach sie. Sie würden ins Verderben laufen. Also, behalte deine Augen offen, wenigstens in dieser Nacht darfst du nicht sterben. Nicht in dieser Nacht. Nicht in meinen Armen. Jesus, ich halte dich. Spürst du meine Tränen nicht, wie sie dein Gewand benetzen, und meine Seele folgt deiner Trauer. Du kannst nicht wieder gut machen, was längst vergangen ist. Du kannst die Zeit nicht einholen. Nicht mit deinen Gedanken und nicht mit deinen Tränen. Die Schmerzen der Vergangenheit kannst du nicht mehr einfangen. Was spürst du in meinen Armen? Es ist doch nicht der Verlust des Vergangenen. Es ist die beginnende Zukunft. Flüsterte es leis und wusste doch, wie er gefangen war im Leid der Vergangenheit. Du hast die Kriege nicht begonnen, unter denen du leidest. Du hast die Wunden nicht geschlagen, die heute noch bluten in deiner Seele. Aber wie soll ich den Schmerz beenden, der längst in Bosheit umgeschlagen ist. Anstatt Versöhnung zu finden, ist er im Tränenmeer vergangener Schuld verschlungen. Maria streichelte ihn sanft und versuchte ihn zu halten in seiner Haltlosigkeit. Die Freunde waren gegangen. Sie hatten sich zurückgezogen in ihre Normalität der oberflächlichen Bedeutungslosigkeit. War es Bedeutsamkeit, die er anstrebte.

Nein, nur ein kurzer Gedanke. Er wollte sie spüren, die einzige Liebe, die ihn überleben lassen würde über den Tag hinaus. Die Splitter in den Augen waren zu Scheiterhaufen geworden all jener, die immer nur mit dem Finger auf vertane Chancen zeigten. Natürlich waren die Jahre schwer gewesen. Aber es waren keine geschuldeten Jahre. Und sie waren vor allem nicht verschuldet. Sie waren menschlich, einfach nur menschlich.

Jeder von uns ist in eine Rolle gezwängt worden. In eine heitere oder schwere. Jeder von uns musste den Preis bezahlen für seine Menschlichkeit und für die Menschlichkeit der Seinen, die einen umgaben. War es Bosheit? Ich glaube es nicht. Ich glaube, dass jeder Mensch in gewissem Sinne mit sich und der Welt überfordert ist und in dieser seiner Überforderung einen Weg sucht, das Leben zu versöhnen mit seiner eigenen Unzulänglichkeit. Was soll ich den Splitter in den Augen meines Nächsten suchen. Ich habe mit meinen eigenen Scheiterhaufen genug zu tun. Und doch kenne ich Menschen, die ihre eigene Beschränktheit nicht verstehen und also suchen sie den Splitter im Auge ihrer Nächsten. Wie weh das tut, wenn sie mit ihren Worten in meine Augen fassen, so als könnten sie das Feuer entfachen, das meine Unzulänglichkeit vernichten soll. Sie vernichten nur sich selber. Oder besser das, was sie sein könnten. Ich halte mich fern von den Richtern meiner Seele, sprach Jesu leise. Und wünschte, Maria würde ihn fester in den Arm schließen in diesem Augenblick. Sie tat es und er schlief ein, sanft.

Warum bezieht er alles Leid auf sich selber, fragte sich Maria. Warum genießt er nicht den Augenblick?

Er hatte keinen Vater, das wusste sie. War das der Grund? Menschen, die keinen Vater haben, denen fehlt die Wurzel im Leben. Und die Mütter können den Schmerz nicht auffangen. Maria, seine Mutter, tat es. Das spürte sie. Denn er, Jesus, konnte noch lieben.

War es erfahrene Liebe oder sehnsüchtige. Sie ahnte es nicht. Er würde nie darüber reden. Das wusste sie. In ihren Armen konnte er schlafen. Das allein zählte.

Als er erwachte, sprach er lange kein einziges Wort. Erst als das Zittern aufhörte in seinen Augen, sprach er. Er nahm ihre Hand und sprach sanft. Maria, Menschen die nicht verzeihen können, werden den Tag nur in Verbitterung führen. Ihre Last ist für die Jahre zu groß. Sie werden die menschlichen Schwächen als Bürde erleben und sie lange aus ihrem Leben verbannen, bis sie so schwer werden, dass ihnen ihre eigene Menschlichkeit entgleitet in Bosheit oder Zerrissenheit der Seele. Ich kann den Menschen nicht ihre bitteren Erfahrungen nehmen, die ihnen das Leben aufgegeben hat. Und doch wünschte ich mir, die Menschen würden des Abends mit einem Gedanken der Vergebung einschlafen. Ein Gedanke der Versöhnung für jeden Splitter in ihren eigenen Augen. Und eine Träne für die bitteren Splitter in den Augen ihrer Nächsten.

Ich kann doch Menschen nicht ihre Jahrzehnte vorwerfen. Ich kann doch immer nur den einen Augenblick versöhnender Nähe schenken. Und ja, ich muss mich auch von Menschen verabschieden. So schwer es ist. Ich kann nicht mein eigenes Leben aufs Spiel setzen, wenn mir Versöhnung nicht zuteilwird. Weinend stehe ich am Rand der Straße, die Zukunft heißt, und meine Tränen sehen den Blinden nach, die der Versöhnung nicht mächtig sind. Ob ich sie je wiederfinde, die Verlorenen? Du bist kein Gott, flüsterte Maria. Der Vater wird sie wiederfinden. Einst.

Versuche nie, sprach Maria, den Splitter im Auge der anderen zu entfernen. Du wirst entweder so sanft sein, dass sich der Splitter nicht bewegt. Oder du wirst unter Tränen sie noch mehr verletzen. Lass mich sanft den Splitter deiner Vergangenheit berühren. Ich will ihn nur berühren. Deine Tränen müssen ihn schon selbst aus deinen Augen schwemmen.

Was hat dich so verletzt, Jesus? Dass ich sie nicht heilen kann, Maria. Dass ich sie nicht heilen kann. Du kannst Vergangenes nicht wieder gut machen, sprach Maria. Vergangenes ist vergangen. Du hast doch nur Gegenwärtiges in deinen Händen und in deinem Herzen. Du trägst das Vergangene, aber ändern kannst du es nicht.

Kannst du mir vergeben, Maria? Immer nur den einen Tag, den wir gelebt haben, sprach Maria. Immer nur den einen Tag. Der vorletzte hat sich bereits in die Seele festgesetzt.

Dann lass es uns die Menschen lehren, Maria. Lass uns die Menschen lehren, dass sie die Tage nicht in Jahre der Vergangenheit treiben. Weil ihre Seele sonst verhärtet und ihre Stimmen böse werden. Wer zu lange erträgt, was seine Seele nicht tragen kann, wird selbst unerträglich. Erlaube den Menschen, sich aus ihren Versprechen zu lösen, wenn die großen Worte sie nur noch zerstören oder zu Masken werden dessen, was einst das Leben war. Lass uns die Menschen lehren, dass es immer nur auf diesen einen Tag ankommt. Und der Abend der Versöhnung gehört. Ein Glas Wein, ein Lied und immer deine Hand, deine Umarmung. Und niemals das Schweigen der vergangenen Nacht. Eine Nacht, die in Tränen endet, besiegt das Leben. Und eines Tages wirst du vergessen haben, was das Leben bedeutet. Deine Menschlichkeit wird immer eine Grenze haben. Auch an diesem Tag. Und nur die Jahre werden dich zerstören. Nicht aber der Tag, der in Versöhnung endet und in einem kleinen Augenzwinkern, dass auch dieser Tag nicht vollkommen war. Spürst du, Maria, wie er leichter wird. Der Tag. Sie nahm ihn in die Arme. Lass ihn beginnen, sprach sie. Den Tag. Lass ihn unser Tag werden. Ich werde dir zuhören und nicht immer verstehen. Du wirst dich ärgern, mit wie vielen Nichtigkeiten ich ihn verbringen werde, während du nachsinnst über das Wesen der Menschen. Und doch werden wir den Becher erheben am Abend und schmunzeln über die vielen Kleinigkeiten des Tages.

Versprich mir, dass du mir immer verzeihst, sprach er. Maria lächelte. Und zum ersten Mal sprach sie Worte, die er einst sprechen wird. Richtet nicht, dann werdet ihr nicht gerichtet. Und verurteilt nicht, dann werdet ihr nicht verurteilt. Lasst frei, dann werdet ihr freigelassen. Gebt, dann wird auch euch gegeben werden: Ein gutes, gestopftes, gerütteltes, überquellendes Maß wird man euch in den Schoß geben. Denn: Mit welchem Maß ihr messt, wird euch zurückgemessen.

Vom Dornbusch liest man keine Trauben

Lk 6,43–49

Ich möchte allein dein Glück, Maria, sprach Jesus. Und dass du lernst, im Glück zu leben. Wird es dort keine Tränen geben, Jesus? Spottete sie und lächelte sanft. Das tat sie immer, wenn er, Jesus, ihr zu ernst wurde. An diesem Tag war er ernst. Noch immer lagen ihm die Richtersprüche auf dem Herzen. Noch immer wollte er sich nicht beruhigen, mit welcher Leichtigkeit Menschen über Menschen richten. So als könnten sie sich auf einen Gott im Richterstuhl berufen. Der selbst nichts Besseres zu tun wusste, als die Menschen zu teilen. Verurteilt und gebunden oder frei gesprochen an Leib und Seele. So ist Gott nicht. Gott lässt sich nicht zum Erfüllungsgehilfen unserer Urteile machen. Gott ist das Glück und keine Instanz. Auch, und vor allem keine richterliche. Gott ist das Glück.

Dann ist er aber häufig nicht da, lächelte Maria. Aber sie verstummte, als sie in seine Augen sah. Es war nicht die Zeit für Scherze, das spürte sie. Seine Augen waren tränenerfüllt und rot unterlaufen. Sein Haar wirr. Doch seine Stimme war klar. Natürlich gibt es auch im Glück Tränen, sprach er, auch leidvolle. Das Glück ist keine Insel im Leben. Das Glück ist nicht der Abschied vom Leben. Aber das Glück ist echt. Und macht dein Leben echt. Währt es nicht immer nur Augenblicke, das Glück, fragte Maria, leis. Und sind es nicht nur wenige Augenblicke im Leben, die diese Auszeichnung verdienen, Glück genannt zu werden? Und kann man es lernen, glücklich zu sein? Sie wollte ihn ablenken. Vielleicht, so sprach sie, sollten wir einfach bescheidener sein mit unseren Wünschen und Vorstellungen. Muss es denn immer gleich das Glück sein, das wir erstreben? Geht Fröhlichkeit nicht auch oder Zufriedenheit? Nein, Maria. Finde dich nicht damit ab, nur wenige Augenblicke des Glücks gekannt zu haben. Es wäre, als würdest du dich selbst nur wenige Augenblicke kennen und erleben. Du bist das Glück, weil du existierst, sprach Jesus. Du kannst dir selbst nicht verloren gehen und also brauchst du auch das Glück nicht zu suchen. Du brauchst es weder zu suchen noch kannst du es erschaffen. Du bist schon im Glück. Was willst du das Glück suchen. Du bist ein Geschenk Gottes und also ist das Glück dir geschenkt als dein Leben. Das Leben ist das Glück. Nur, dass es Menschen gibt, die sich dem Leben verweigern. Das ist das Unglück, das das Glück so selten macht in unserer Zeit. Verweigertes Leben lässt uns das Glück so kostbar erscheinen, dass es anzustreben viele Menschen sich nicht mehr trauen.

Vertrau deinem Leben und finde dich nicht ab mit den Schattenplätzen am Dornbusch. Erst das Leben im Glück lässt dich begreifen, wie alles Leben zusammenhängt.

Es ist, als würden die Menschen Feigen und Trauben als die Früchte des Lebens ernten und halten immer nur die Dornen in ihren Händen, weil sie den Dornbusch mit dem lebendigen Baum der Früchte verwechseln. Vielleicht kennen sie nichts anderes, sagte Maria. Weil sie nichts anderes kennen dürfen, sagte Jesus.

Und wer hat es ihnen verboten, im Glück zu leben, wollte Maria wissen. Vielleicht ihre Religion, sagte er leis. Mit Sicherheit ihre Priester. Sie lehren das Leben als ein Einhalten von Gutem und Wahrem. Aber das Einhalten der Gesetze ist eine Fessel geworden auf dem Weg, ihre Freiheit zu tanzen. Wer hat geschrieben, dass im Regen zu tanzen dem Tanz nicht ansteht, wenn du aus Liebe tanzt und nicht aus törichter Gleichgültigkeit. Sie lehren dich, dass du das Gutsein erlernen sollst und das Einhalten der Rituale deine Seele schützen kann vor der Torheit der Verlorenheit. Und doch haben sich die Menschen stets in der Religion verloren und selten gefunden. Außer sie wäre gelebte Liebe, versuchte Maria zu widersprechen. Außer sie wäre gelebte Liebe, stimmte Jesus ihr zu. Dann wäre sie ein Weg ins Glück. Denn die Liebe ist gelebtes Glück. Aber du brauchst es dir weder zu verdienen, noch kann es ein Priester für dich erwirken. Sie existiert, weil du bist. Und weil du bist, hast du das Glück in dir und brauchst keine Religion außerhalb der Liebe. Weil Religion immer trennt. Religion trennt dich von Menschen anderer Religion und die Priester trennen dich vom Himmel, den du dir erst erarbeiten sollst auf Erden. Das Gericht trennt dich von der Freiheit, zu sein, wer du immer schon warst. Und deine Schattenseiten trennen dich von dem Glück, im Lichte zu leben. Dabei ist Schatten und Licht eins. Und nur eine Menschheit existiert im Gesang der Liebe. Jede Religion, die in dir selbst zur Spaltung wird zwischen Leben und Tod, zwischen Gut und Böse, zwischen Freiheit und Gebrochenheit, versteht nicht, dass die Tränen und das Lachen in dir eins sind, wie Nacht und Tag eins sind und das Wehen des Windes und die Kühle des Morgens. Meine Hand in der deinen und der ferne Gruß meiner Hand im Augenblick des Abschieds sanfter Berührung.

Das Glück ist der untrennbare Himmel auf der Erde im Bewusstsein, dass es im Himmel keine Fremde gibt und auf der Erde keine Grenzen. Die Grenzen sind die Erfindung der Religionen und Staaten. Menschen ohne Liebe brauchen Grenzen, um sich selber zu begreifen. Aber sie ergreifen immer nur die Dornen und niemals die Früchte des Himmels und der Erde. Einst werden sie Rituale erfinden, dich loszukaufen von den Dornen. Aber sie werden Dornen gegen Dornen tauschen, weil sie die Früchte nicht kennen. Sie werden Tempel errichten und ihren Göttern opfern, weil sie sich selbst als geopfert erfahren in einer Welt grausamer Macht. Und sie werden sich Erlösung versprechen und Trost suchen bei ihren Liedern, die den Krieg besingen werden und die Lust. Und sie werden die Lieder der Liebe verwechseln mit ihren Machtansprüchen. Die Tempel werden selbst zu Stätten voller Dornen.

Dann lehre mich das Glück, drängte ihn Maria. Du kannst das Glück nicht lernen, sprach Jesu. Du kannst es nur erfahren. Du brauchst es auch nicht zu suchen. Es möchte dich stets finden, das Glück. Du kannst deine Gedanken ordnen und deine Hände. Hör auf zu beten und beginne das Leben zu streicheln. Gib einem Menschen Halt, anstatt ihn aufzuhalten. Berühre seine Seele und das Glück wird erwachen in deinem Herzen wie von selbst. Weil es da ist in dir. Du brauchst dich nur zu bewegen im Reigen versöhnter Liebe und das Glück wird in dir tanzen wie das Herz, das von der Liebe berührt ist. Es wird dir ein warmer Regen sein und deine Augen berühren den Himmel, der dich längst umgibt. Verlasse, was du gelernt hast, und kehre heim zu dem, was du immer warst, und das Leben beginnt, dein Glück.

Denn es gibt keinen guten Baum, der faule Frucht bringt. Verstehe, dass du gut bist, und die Güte wird die Frucht deines Gutseins für alle sein. Aber versuche nicht, dich zu begreifen als einen schlechten Baum. Vielleicht hat man versucht dir einzureden, der Mensch wäre schlecht vor Gott und müsse sich reinigen vor seinem Angesicht. Aber niemals wird ein fauler Baum gute Früchte bringen. Wer sich so versteht, muss sich das Gutsein stets erwerben. Ich aber sage dir: Du bist nie außerhalb des Guten und niemals wendet sich das Glück aus deiner Seele, außer du verlierst den Glauben an dein Leben. Dann wandelt sich das Glück in dir in ein Nichts, das selbst den besten Baum faul werden lässt, und was soll er anderes tragen als Dornen. Und er stand auf, Jesus, blickte in Richtung Jerusalem, sah vor seinen Augen den Tempel, blickte in die Augen Marias, sah die Jünger, die sich längst im Kreis um sie geschart hatten. Einzeln blickte er in ihre Augen, liebevoll, mahnend, hoffend, zärtlich und mitleidig sah er sie an. Ihr seid Kinder Gottes, sprach er. Lebt im Glück.

Und hob an und sprach: Jeder, der zu mir kommt, meine Worte hört und sie tut – ich will euch zeigen, wem er gleicht: Er gleicht einem Menschen, der ein Haus baute: Und er hatte geschachtet und ausgetieft und den Grundstein auf den Fels gelegt. Als aber Hochwasser kam, brach sich die Strömung an jenem Haus und war nicht stark genug, es zu erschüttern; denn gut war es gebaut. Wer aber gehört und nicht getan – er gleicht einem Menschen, der ein Haus ohne Grundstein auf die Erde gebaut: Daran brach sich die Strömung und gleich fiel es zusammen. Und der Niederbruch jenes Hauses war groß.

Der Hauptmann von Kafarnaum

Lk 7,1–10

Am Abend des folgenden Tages war Maria sehr still. Was sie miteinander erlebt hatten am heutigen Tag, konnte sie nicht begreifen. Ein Mann wurde geheilt. Ein Mann, der gar nicht da war. Jesus hatte mit ihm kein Wort gesprochen. Ihm nicht seine Hände aufgelegt. Weder Berührung noch Begegnung schien diese Heilung begleitet zu haben. Nur von Befehlen war die Rede. Vielleicht können Männer damit besser umgehen, dachte sich Maria. Ja, mit Befehlen kennen sie sich aus. Tu dies, tu das. Gehorche meinen Worten. Eine Welt des Gehorsams. War das auch seine Welt? Sie wollte es nicht glauben. Und doch war es so. Sie waren zurückgekehrt in seine Stadt Kafarnaum. Empfangen von den Ältesten der Juden seiner Stadt. Er möge sich kümmern um jenen Knecht des Hauptmanns. Eine ungewöhnliche Koalition. Den Jüngern schien sie fremd zu sein. Er, Jesus, nahm sie erstaunlich gelassen. War die Trennung zu überwinden zwischen Juden und Römern? Hatte sich nicht jener Hauptmann verdient gemacht um die Synagoge in Kafarnaum? War er Gegner oder Freund? Spielte das keine Rolle mehr? Wo waren die Grenzen? Spielen Grenzen eine Rolle im Augenblick der Not? Noch war seine Botschaft selbst für die Freunde zu neu. Menschlichkeit hat keine Grenzen. Das würden sie erst viel später begreifen. Noch war ihnen der Umgang fremd. Menschen lieben die Grenzen. Wissen gern, wer Freund und Feind ist. Damit lässt sich besser leben. Hass und Neid den einen. Ausgrenzung und Kampf den Gegnern und verschworene Treue den anderen. Aber zu wem gehörten die Ältesten? Die Rolle der Römer schien klar. Aber galt das auch dem, der selbst für seine Feinde eine Synagoge bauen ließ? Dazu gehört schon Größe. Den Glauben der anderen zuzulassen. Vielleicht war es auch nur Kalkül. Vielleicht würden die Juden unterwürfiger bleiben. Wer mag das sagen. Jesus hatte jedenfalls keine Vorbehalte, ihn zu treffen. Der aber schickte einige Soldaten, ihm auszurichten, was sein Wunsch war. Zu heilen seinen Knecht im Bewusstsein, dass er des Kommens Jesu nicht wert war aus den Augen eines Juden. Konnte Heil geschehen über alle Grenzen hinweg? Der Hauptmann hielt es für möglich. Er war gewohnt zu befehlen. Er war gewohnt zu kollaborieren. Er wusste, einen Befehl würde ein Untergebener stets befolgen. Das war seine Welt. So würde auch Jesus seine Bitte verstehen und seinen Mächten befehlen. Und sie würden ihm gehorchen. Dessen war er sich sicher. Sicher, im Augenblick des Versagens. Denn seine Macht, die Macht des Hauptmanns, war bei seinem Knecht an eine Grenze gestoßen. Er konnte dem Elend nicht befehlen. Der Knecht war im Elend geblieben, obwohl sein Hauptmann mächtig war. Machtvoll, aber auch demütig tat jener, was ihm seine Befehlsgewalt eingab. Können meine Befehle das Ziel nicht mehr erreichen, so muss ein anderer befehlen. So einfach gedacht. Aber so einfach funktioniert die Welt der Mächtigen. Manchmal muss man sich Macht erkaufen, man kann sie sich erschleichen. Und ganz selten, vielleicht erst in äußerster Not, da muss man sie sich erbitten. Der Hauptmann tat es glaubhaft.

Aber warum musste es eine Fernheilung sein. Bist du auf die Bitte der Macht hereingefallen, gar eitel, Jesus? So fragte sie, Maria, ihn, Jesus, als es Abend geworden war. Warum musste es geschehen mächtiger, als je zuvor ein Mensch geheilt hat? Du hast ihn nicht berührt, kein Wort hast du mit ihm gewechselt. Deine Hände haben die Kälte nicht gespürt und doch wurde er heil. Musste das sein, Jesus? Wer kann dir jetzt noch folgen? Doch nur noch jene, die in dir den größten Heiler aller Zeiten spüren wollen.

Oder sollte es sein, dass du auf den billigsten Trick deines Menschseins zurückgegriffen hast, dem ebenfalls kein Mensch wird folgen können. Hast du es nötig, dass alle in dir den Sohn des lebendigen Gottes sehen wollen, den der Vater gesandt hat, seine Macht die Menschen spüren zu lassen. Bist du das wirklich, Jesus? Brauchst du den Abstand zu den Menschen? Bist du größer als wir alle? Wie soll ich dich lieben können, sprach Maria, wenn du ebenso angebetet werden möchtest wie all die Götter vor dir. Bist du ein Gott, der über Leben und Tod entscheidet im Gewand eines Menschen, dann verlasse mein Haus. Hier ist kein Platz für machtsüchtige Götter, sprach Maria mit gebrochener Stimme.

Jesus schwieg lange. Er sah die Tränen in Marias Augen, nahm ihre zitternden Hände und streichelte sie sanft. Ich habe ihn nicht geheilt, sprach er, Jesus. Und schon gar nicht mit Macht über die Entfernung hinweg. Ich habe kein Spiel gespielt. Es war kein Spiel der Macht und der Größe. Und was du meinst gesehen zu haben, war in Wirklichkeit ganz anders. Keine Angst. Ich missbrauche meinen Vater nicht. Und der Sohn wird keine Götterspiele veranstalten. Ganz im Gegenteil. Kein Gott wird diese Erde je berühren mit Worten und Taten, die nicht auch einem Menschen eigen wären. Diese Welt gehört den Menschen und sie ist geschenkt worden in die Hand der Menschen. Und sie sind groß genug und wert genug, dass Menschenhand genügt, um sie zu heilen. Ich weiß, Menschen erhoffen sich einen mächtigen Gott und viele wünschen sich den Sohn so bedeutsam, dass sie ihn anbeten könnten. Und sie werden es tun. Aber ich, Jesus, gehe einen anderen Weg. Sei ganz beruhigt, Maria, ich werde als der bei dir bleiben, der ich bin. Ein Mensch unter Menschen. Mehr wollte ich nie sein. Und mehr werde ich nicht sein müssen, für Menschen meiner Liebe.

Und, fragte Maria, wie ist der Knecht dann heil geworden? Der Hauptmann hat ihn geheilt, sprach er und lächelte. Der Hauptmann? Ja, der Hauptmann. Schau ihn dir an, Maria. Ein Mann, der es gewohnt ist zu befehlen. Und er hat es getan. Auch dieses Mal. Er wird dem Knecht befohlen haben, aus seinem Elend herauszutreten. Er wird den Ärzten und Heilern befohlen haben. Und sicher wird der Knecht versucht haben zu gehorchen. In einer Welt der Pflicht und Pflichterfüllung. In einer Welt der Zuständigkeiten und der Verantwortung wird der Hauptmann dem Knecht befohlen haben, er möge bleiben, wer er ist, der gesunde Knecht seines Hauptmanns. Und jener wird es versucht haben mit allen Mitteln. Ich weiß nicht, wer er ist. Und doch scheint er nicht geblieben zu sein, wer er ist. Vielleicht konnte er es nicht mehr, vielleicht wollte er es nicht mehr. Wer mag das sagen. Auf jeden Fall sind beide an ihre Grenzen gekommen. Der Befehle gab, konnte das gewünschte Ergebnis nicht erreichen. Und der, der sie befolgen sollte, konnte nicht mehr gehorchen. Und all dies geschah auch noch aus Zuneigung und Sympathie. Denn der Hauptmann liebte seinen Knecht. Und dieser war ihm gern gehorsam. Und doch gibt es Dinge zwischen Himmel und Erde, die man nicht befehlen kann. Dass alles im Leben bleibt, wie es ist, schon gar nicht.

Wie verzweifelt muss jener Hauptmann wohl gewesen sein, als er spürte, unter Tränen spürte, dass seine Macht zu klein und seine Befehle das Herz seines geliebten Knechtes nicht mehr erreichen konnten. Ich habe schon Menschen gewalttätig werden sehen, immer wenn sie an ihre Grenzen gekommen sind. Menschen, deren Macht an Grenzen stößt, versuchen die Grenzen einzureißen und werden gewalttätig in ihrer Ohnmacht. Jener Hauptmann aber wurde demütig im Augenblick des Scheiterns. In seiner Hilflosigkeit begann er nach Hilfe zu rufen. In seiner Ratlosigkeit suchte er Rat. Er verließ das Haus seiner Macht und suchte Hilfe im Haus der Fremden. Er war sich nicht zu schade, in seiner Machtlosigkeit die Macht der anderen zu akzeptieren. Und selbst als er hätte noch befehlen können, berief er sich nicht auf seine Macht. Er begann zu bitten. Und er bat in aller Öffentlichkeit und öffnete sein Herz den Unterdrückten. Er, der Eroberer, machte sich klein und die Größe seines Hauses wäre der Größe der anderen nicht wert. Erst jetzt standen wir einander gegenüber, Maria. Und ich sah in seinem Herzen einen Mann, der all seine Macht weggegeben hatte und bereit war, sein Herz zu öffnen für einen anderen. Vielleicht spürte auch der Knecht in diesem Augenblick, dass er seinem Elend nicht entkommen musste, weil ein anderer es ihm befahl. Vielleicht gesundet die Welt ja im Augenblick des Verzichts auf Befehlsstrukturen und Gewalt. Ich würde es mir jedenfalls wünschen. Jener Hauptmann aber hat es verspürt. Es gibt eine größere Macht zwischen Himmel und Erde, die keine Armee der Welt mit all ihren Waffen wird je zerstören können. Und kein Befehl ist größer als das Gefühl der Liebe. Dies war es, Maria. Und nicht einmal in Israel habe ich so großen Glauben gefunden. Und zurückgekehrt ins Haus, fanden sie den Knecht gesund. Und Maria wusch ihre Tränen ab.

Der Gesang geschenkter Liebe

Lk 7,18–35

Sie würden feiern. Noch in dieser Nacht tranken und aßen sie. Sie tranken Wein und tanzten in der Nacht bis zum Morgengrauen ein Fest voller Glück. Zöllner und Sünder waren beisammen. Ehrlicher ging es nicht. Jesus, Maria und die Seinen mitten im Schmelztiegel echter Gefühle. Niemals bereute er seine Liebe und niemals ging der Wein aus in den Nächten am See. Weil keiner mehr verächtlich war in seiner Nähe, blieben die Vorbehalte draußen vor der Tür. Berührung durfte zärtlich sein. Einfach weil Zärtlichkeit einem Menschen gut tut und weil sie betrunken sich nicht mehr schämten inmitten einer Gesellschaft, die die Huren bezahlen wollten. Damit sie selbst moralisch rein blieben, wollten sie die Gefühle bezahlen, anstatt sie zu leben. Sie wollten verachten und in der Verachtung sich selbst preisen als ein Volk treuer Gesetze und bezahlten Glaubens. Denn sie hatten den Preis des Glaubens bezahlt. Gerechtigkeit statt geschenkter Liebe. Sie wussten, was sie sollten, mussten und wollten.

In dieser Nacht sprachen sie lange über Johannes. Johannes war ins Gefängnis geworfen worden. Es war die Laune eines Kindes und die Schwäche eines Königs, die ihm zum Verhängnis wurden. Und doch. Es war wieder Ruhe eingekehrt in den aufgewühlten Herzen der Gesetzesfrommen. Natürlich stand geschrieben, es würde einer kommen, der im Namen Gottes richten würde. Aber doch bitte nicht in unserer Generation. Nicht so plastisch und vorstellbar, wie es Johannes gepredigt hatte. Im Grunde waren alle froh, dass er schweigen musste, denn wäre er gekommen, jener, den er, Johannes verkündigt hatte, sie hätten ihr Leben ändern müssen. Alle Hoffnung des Religiösen beruhte auf dem Gedanken, Gott würde Gerechtigkeit schaffen durch ein Gericht. Aber wäre es gekommen, wäre auch die doppelte Moral ans Tageslicht gekommen, an die man sich längst gewöhnt hatte. Gottes Plan wurde längst in religiöse Bahnen festgeschrieben, die die Menschen äußerlich zu lenken in der Lage waren. Keiner sollte mehr er selber sein dürfen, es sei denn aus den Augen des Gesetzes betrachtet, das längst Gott selbst verdrängt hatte. Mag Johannes sie aufgeweckt haben für einen Augenblick. Jetzt musste er schweigen im Gefängnis und das Aufatmen war spürbar in ganz Israel. Moralisch konnte es Größeres nicht geben als die Gedanken des Johannes, ausgesprochen in der Wüste am Ufer des Jordan. Menschen mögen sich entscheiden. Menschen mögen sich wandeln, weil sie die Einsicht gehabt hätten zum Guten. Größer kann kein Mensch über einen anderen Menschen denken, als dass er zur Umkehr bereit wäre, weil sein eigener Verstand es ihm eingäbe. Nicht aus Angst allein, nein, aus Einsicht. Und doch wusste Johannes, dass es größerer Taten bedurfte als seiner Worte, um die Menschen als Menschen zu erreichen. Es würde nicht genügen, selbst nicht die Gerechtigkeit Gottes. Bald schon würde er kommen müssen. Sonst wäre seine Ankündigung wieder Geschichte und er ahnte, wie kurz das Gedächtnis der Menschen war. Wie bitter musste es sein. Die Erkenntnis, dass er selbst es nicht einlösen konnte, was er verheißen hatte. Und doch hielt er sich daran fest, dass es nicht umsonst sein konnte. Ein anderer würde kommen an seiner statt. Und wenn es Jesus wäre, sein Verwandter, der Sohn der Maria. Und also waren seine Jünger aufgebrochen, um zu schauen und zu fragen. Er wollte seine Sehnsucht erfüllt wissen. Und doch. Würde er ihn verstehen? Johannes, der Asket, ihn, Jesus, der das Leben in vollen Zügen zu genießen schien. Welcher Unterschied. Während der eine sich von wildem Honig ernährte, trank jener Wein im Überfluss.

Während bei Johannes die Kälte der Wüste die Nächte bestimmte, waren es bei Jesus die Nähe der Freunde und seien es Zöllner und Sünder, die seine Nächte erwärmten. Gerade sie fanden sich angenommen durch seine Nähe. Gerade sie. Und die Verachtung des Volkes war zu spüren bis in die Kerkermauern, außer bei denen, die es wahrhaft betraf. Die Liebe der Sünder, auch sie war zu spüren hinter den Gitterstäben der Torheit.

Was ist ein Gott wert, der nichts kostet, fragte sich Johannes im Kerker. Sie würden ihn früher oder später verlachen und doch berichteten seine Jünger von einem, der am Feuer tanzte und doch tags zuvor nicht einen Schritt vor den anderen machen konnte. Die Jünger sprachen von einem, der hören konnte und singen und doch Tage zuvor ausgeschlossen war aus jeder Nähe, weil seine Ohren taub und sein Mund stumm gewesen ist. Sie berichteten von Schönheit, die einer sah, der zuvor nur Blindheit spürte in seinem Herzen. Und ein Mensch wurde berührt, erst an seiner Haut, dann in seinem Herzen, der vormals nur Aussatz gespürt hatte. Und Menschen, die in ihrer Armut nur Tränen kannten, fanden Hoffnung an seinem Tisch. Und er spürte den Groll der Gerechten und ahnte doch, was in der Nähe Jesu geschah. Alles Sollen und Müssen war zu einem Möchten und Werden geworden. Sie kamen nicht zu ihm, Jesus, um das Gesetz zu erfüllen. Sie kamen zu ihm, um geheilt zu werden an Leib und Seele. Und immer dann, wenn es gelang, konnten sie nicht mehr anders, als es zu feiern, das Leben das neu geborene.

Und er hörte Jesu Rede über ihn, den Geschundenen. Einen Propheten habt ihr gesucht. Keinen Größeren wird es je geben. Aus Angst seid ihr gegangen in die Ödnis und vielleicht war es euch mehr als ein Schauspiel, ein Schilfrohr zu schauen, das im Winde schwankt? Und Johannes spürte das Brennen in seiner Brust, als er den Jüngern lauschte, die gekommen waren, von Jesus, ihm, Johannes, zu berichten. Es war mehr geschehen und Größeres, als er je sich erhofft hatte. Menschen waren nicht umgekehrt aus Angst vor Gottes Gerechtigkeit. Menschen waren heil geworden und hatten zurückgefunden zu sich selbst. Er, Johannes, hatte das Gute erwecken wollen im Verstand der Menschen. Gekommen war einer, der nicht stark dachte oder Menschen an ihrer Schwäche maß. Seine Worte, die Worte des Johannes, hätten den Menschen nicht erheben können aus dem Elend des Staubes der Wüste. Vielleicht hätte er sie reinigen können von Schuld und Sünde, aber er hätte ihre Herzen nicht erreicht und ihren Ursprung nicht aufrichten können in ihren Seelen. Nein, hier war weit mehr, als Menschen vermögen, die an Appelle glauben. Hier geschah aus Liebe, was er mit Strenge niemals erreicht hätte. Mag sein, dass er selbst die Milde bereits gespürt hat, und mag sein, dass auch Jesus die Versuchung des Gerichtes gespürt hat in seinem Denken. Aber er vermochte in den Menschen ein Lied zu erwecken, das von geschenkter Liebe sprach, und die Melodien, die sein Herz verströmte, ließen die Schönheit erwachen in Menschen, die sich nur noch hässlich fanden in den Augen der Gerechten.

Es geht immer um die eigene Bestimmung, immer um das eigene Herz. Nicht im Vergleich und niemals in Rechenschaft zum Gesetz. Es geht immer um mich selbst. Es geht um mein Wollen und mein Möchten. Es geht um die Erfindung meiner eigenen Person im Angesichte meiner Möglichkeiten und meiner Fähigkeiten. Es geht um mein Leben und niemals um die Erfüllung eines Lebens, das andere für mich bereithalten möchten. Es geht allein um meine Menschwerdung. Und nur meine Menschwerdung kann den Platz der Menschlichkeit erfüllen, der alleine mir gehört. Ich brauche mir meine Menschlichkeit nicht zu erwerben. Ich brauche sie nicht zu erstreben. Ich brauche sie mir niemals zu verdienen. Ich bin schon, wer ich bin, und ich bin gut in meinem Dasein, allein weil ich es bin. So durften Menschen denken in seiner, Jesu, Nähe. Und so fanden sich auch nur jene zum Festmahl, die nie sein durften, wer sie waren. Die, die es immer schon wussten, wer sie waren, kamen nicht zum Fest der Versöhnung. Ihnen blieb der Gesang der geschenkten Liebe stets fremd.

Und Johannes verstand und weinte bitterlich, als seine Jünger berichteten von Jesu Predigt über die Gerechten: Wir flöteten euch – und ihr habt nicht getanzt. Wir stimmten ein Klagelied an – und ihr habt nicht geweint. Ja, gekommen ist Johannes der Täufer. Er aß nicht Brot und trank nicht Wein, und nun sagt ihr: Er hat einen Abergeist. Gekommen ist der Menschensohn. Er isst und trinkt, und nun sagt ihr: Da! Ein Schlemmer und Weintrinker. Ein Freund von Zöllnern und Sündern. Doch gerechtfertigt wurde die Weisheit von all ihren Kindern.

Vergebende Nähe

Lk 7,36–50

Er würde sie niemals anschauen, als wäre sie eine Sünderin. Dessen war sie sich sicher. Unsicher war sie, ob sie bei Tage Einlass finden würde in das Haus eines Pharisäers. Sie zog sich an, als wäre es Abend. In ihrem Gewand aus Seide fühlte sie sich sicher. Ihr Haar würde sie unter einem Tuch verstecken. Sie weinte, als sie sich aufmachte, den zu sehen, den sie so gern spüren würde. Nicht auf ihrer Haut. Sie wollte ihn spüren auf ihrer Seele. Seine zärtliche Hand auf ihrem Herzen. Sie wusste nicht genau, was sie erwarten würde, und ihre Hände zitterten bei dem Gedanken, auch er wäre nicht anders als alle anderen. Wenn auch er ein Mann war wie alle anderen, wäre alles verloren. Denn sie hatte sich verloren. Männer kamen zu ihr, um Geld zu tauschen gegen Gefühle. Oder waren es nur namenlose Berührungen ohne Wert. Gefühle kann man nicht erkaufen. Und die Zärtlichkeit zweier Hände, die einander berühren, werden zu Folterinstrumenten, wenn da keine Gefühle sind. Mag sein, dass auch Lust genügt, um in Stimmung zu kommen. Aber Vertrautheit lässt sich nicht bezahlen. Und doch kamen sie, die keine Gefühle, sondern nur Berührungen wollten. Und es waren Nachtberührungen, die keine Öffentlichkeit vertrugen. Befriedigung wollten sie und keine Liebe. Schönheit wollten sie und keine Tränen. Sie hatte sich die Tränen längst verboten. Denn wenigstens würde sie das Geld haben, eines Tages Heimat zu finden, auch sie, die sie die Sünderin nannten. Über die Männer sprach keiner. Die Sünderin war immer sie gewesen. Ihre Schönheit wurde ihr zur Sünde, noch bevor sie je ein Mann berührt hatte. Sie zog die lüsternen Blicke auf sich. Das allein machte sie schon schuldig.

In einer Welt der gekauften Blicke und gestohlenen Freuden ging ihre Sehnsucht nach wahren Gefühlen unter. Sie wurden zertreten im Augenblick der ersten Nacht, als sie sich anders nicht mehr helfen konnte und es annahm, das schmutzige Geld der eroberten Lust. Und die Gefühle starben und die Sehnsucht nach Liebe wich den scheuen Blicken, die sie anfangs noch träumte, bevor auch die Sehnsucht erfror und nur noch Nacht blieb und das Kleid aus Seide und die stets offenen Haare der Nacht.

Als sie das Haus des Simon betrat, bei dem er, Jesus, zu Gast war, und die Blicke spürte, die auf sie gerichtet waren von all jenen Männern, die sie niemals kannten bei Tag und doch alle bei ihr waren des Nachts, wenn das Licht ihre Lüsternheit in Dunkelheit hüllte, spürte sie, wie ihre Füße die Last des Augenblicks nicht mehr halten konnten. Die Tränen aus ihrem Herzen strömten so, als wäre ein Damm gebrochen, der sich über Jahre aufgestaut hatte. Sie brach zu seinen Füßen zusammen. Ihre Tränen flossen über seine Füße. Das Tuch, gebunden um ihr Haar, löste sich und ihre offenen Haare berührten die Tränen auf seinen Füßen. Sie versuchte, seine Füße zu trocknen. Sie wollte die Scham hinwegwischen, die sie verspürte in diesem Augenblick. Was würde er denken? Was würde er sagen? Sie spürte, was alle im Raum dachten, während er schwieg. Unbeherrscht ist sie, aufdringlich, zudringlich. Ehrlos, würdelos die Szene. Ja, ihre bloße Anwesenheit beschmutzte die Gastlichkeit des Hauses. Und sie löste das Haar, ihn zu berühren. Welche Anstandslosigkeit im Augenblick, als auch die geliehene Würde verblasste und offen zu Tage trat, wer sie war. Die Sünderin der Stadt vergoss ihre Tränen, statt ihn zu salben, und sie verlor ihre Würde mehr und mehr. Und er, Jesus. Er regte sich nicht. Er stieß sie nicht fort und ließ die Berührung zu. Und als sie begann, seine Füße zu salben unter Tränen mit Salböl, verspürte er ihre Sehnsucht nach Geborgenheit und einem Augenblick ehrlicher

Liebe. Er, Jesus, sah auf und spürte die Gedanken des Simon. Ein Prophet hätte sie verstoßen. Er hätte sich nicht berühren lassen. Propheten lassen sich nicht berühren von der Sünde. Oder war er kein Prophet. Simon zweifelte. Er, Jesus, spürte es.

Er ließ diese Frau einfach gewähren. In seinem Schweigen waren keine Kälte zu spüren und keine Abneigung. Die Frau spürte, wie ihr eine Nähe zuteilwurde, die sie nie gespürt hatte. Sein Blick war nicht abschätzend. Seine Augen waren zart in jenem Augenblick. Da ihre Schande offen zutage trat, war seine Geste mild. Sie spürte, dass er nicht ihre Haare betrachtete, die offenen. Sie spürte, dass ihr Kleid, das sie des Nachts trug, in seinen Augen zum Brautkleid wurde, das ihre Würde nicht beschmutzen konnte. In seinen Augen sah er allein ihre Schönheit. Und sie durfte schön sein in seiner Gegenwart. Sie spürte, dass er sie als Frau ansah und nicht als Objekt der Begierde. Sie durfte sein in seiner Nähe, was kein anderer Mann je zugelassen hatte. Sie durfte sehnsüchtig Frau sein und fühlte sich geborgen, ja geliebt im Augenblick zarter Berührung. Und er sprach Vergebung. Wo andere nur Spott hatten, berührte er ihre Seele sanft.

Als sie ihn hörte, seine Stimme, stieg Wärme auf in ihrer Brust, und ein Leuchten stand in ihren Augen.

Und zu ihr gewandt, sprach er zu Simon: Erblickst du diese Frau? Ich bin in dein Haus gekommen, Wasser auf die Füße hast du mir keins gegeben – die aber hat mit den Tränen meine Füße genetzt und mit ihren Haaren getrocknet. Keinen Kuss hast du mir gegeben – die aber, seit sie hereingekommen ist, ließ nicht ab, meine Füße zu liebkosen. Mit Öl hast du mir den Kopf nicht gesalbt – die aber hat mit Salböl meine Füße gesalbt.

Und er erzählte ihnen ein Gleichnis. Ein Geldverleiher hatte zwei Schuldner. Der eine schuldete ihm fünfhundert Denare, der andere fünfzig. Da sie nichts hatten, um zurückzuzahlen, schenkte er es beiden. Welcher von ihnen wird ihn nun mehr lieben? Hob Simon an und sprach verschämt: Ich nehme an, der, dem er mehr geschenkt hat.

Als Jesus sich erhob, aufstand vom Tisch und das Haus verlassen wollte, reichte er der Frau ihr Tuch, legte es sanft über ihre Schultern, reichte ihr die Hand und ging mit ihr zusammen durch die Menschen hindurch hinaus in die Straßen der Stadt. Öffentlich wollte er sich mit ihr zeigen. Hand in Hand gingen sie durch die Stadt. Die Blicke der Sünder lagen auf ihr. Doch sie durfte spüren, was sie nie gespürt hatte. Sie wurde geliebt und er machte die Gesten der Zuneigung öffentlich. Ihr Haar blieb offen und der Wind fuhr durch ihr Haar und sie fühlte sich frei. Seine Hand gab ihr Sicherheit und ihr Herz schlug vor Freude. Ob sie des Nachts der Fremde beiwohnen wird. Jetzt noch. Sie wusste es nicht. Aber nie mehr würde sie die Lust verwechseln mit dem Gefühl der Liebe. Sie würde sich bezahlen lassen für die Lust der anderen. Aber nie mehr würde sie ihre Würde dabei verlieren. Denn er hatte sie gehalten. Im Angesicht ihrer Schmach schenkte er ihr Vergebung und Liebe. Dies hatte sie sich erhofft. Aber sie hätte es nie zu träumen gewagt, zu empfangen, was sie nun spürte. Dass du es gewagt hast, an deine eigene Würde zu glauben, sprach er, Jesus, hat dich gerettet. Ich konnte dir nur geben, was wahrhaft in dir steckt. Deine Tränen waren für mich Grund genug, dir alles zu vergeben, was du an Last in dir trägst. Aber mach dich nie wieder verantwortlich für die Sünden der anderen, sprach er. Deine Schönheit ist kein Verbrechen. Und dass sie bezahlen für ihre schmutzigen Gedanken, ist nur gerecht. Du aber lass dich nie mehr berühren an deiner verletzten Seele. Spüre, wie mein Zutrauen in dir Vertrautheit wird. Schon einmal habe ich erlebt, wie aus Liebe Freundschaft wurde. Lass dir nie mehr nehmen, was ein jeder von uns spüren muss und spüren darf. Ein Mensch in deiner Nähe, bei dem du sein darfst, der du bist. Ein Mensch. Als er sie gehen ließ, blickte sie noch einmal zurück. Sie sah in seinen Augen vergebende Nähe, einen Blick voller Güte und in ihren Händen spürte sie, wie jede zarte Berührung in ihr lebendig machte, was sie längst verloren geglaubt hatte. Ihr war, als wäre ihr ihr Leben neu geschenkt worden. Im Augenblick, da er von Vergebung sprach, spürte sie seine Liebe. Sie hatte ihm nicht einmal ihren Namen genannt und vielleicht würde sie ihn nie wieder sehen, aber seine Gegenwart in ihrem Herzen würde niemals mehr erlöschen. Das spürte sie. Und flocht ihr Haar zu einem Zopf, der ihren Rücken schmückte im Augenblick zarter Berührung.

Und die Leute, die zu Tisch lagen, fingen an, unter sich zu sagen: Wer ist das, dass er sogar Sünden nachlässt?

Hörst du Gottes Wort?

Lk 8,4–18

Verkündest du einen Glauben ohne Gott, fragte ihn Maria sehr ernst. Die Menschen zweifeln an dir, Jesus, sagte sie. Denn du tust Dinge, die nur Gott tun darf und tun wird, eines Tages. Du vergibst den Menschen ihre Sünden. Darfst du das, fragte Maria. Ich will keinen fremden Gott verkünden, sagte Jesus. Gott muss so Teil deiner Person sein, dass kein Unterschied mehr zu spüren ist zwischen dir und deinem Gott. Er darf weder zum Regelwerk des Lebens werden, noch darf sich das Göttliche unterscheiden von deiner Welt. Er muss deinen Alltag durchziehen wie das Blut in deinen Adern. Er muss sein wie die Luft, die du atmest. Es darf nicht den Unterschied geben zwischen Orten des Göttlichen und deiner kleinen alltäglichen Welt. Gott und die Welt müssen eins sein. Schau, Maria, die Priester versuchen, Gott zu verstehen als ihr Gegenüber. Sie suchen in Worte zu fassen, was sie nicht begreifen können, und schaffen schlussendlich ein Regelwerk der Richtigkeiten und der Wahrheiten, nach denen wir uns ausrichten sollen. Ob wir es nun begreifen oder nicht. Aus den Festlegungen ihres Gottes schaffen sie folgerichtig Regularien des Verhaltens. So sind sie in der Lage, Menschen zu gruppieren an ihrem Verhalten in gute und böse Menschen. Menschen, die dem Gesetz folgen, und Menschen, die es missachten. So entstanden die Moral und das Gesetz. Und mit der Zeit stand der Mensch unter dem Gesetz. Und das Leben lebten sie fortan in der Fremde zu sich selber. Aber Gott ist nichts Fremdes, darf nichts Fremdes sein. Denn alles, was den Menschen bindet, fesselt ihn. Und jedes Gesetz beschreibt eine Grenze, die du nicht mehr überschreiten darfst. Die besten unter den Priestern laden noch ein, innerhalb dieser Grenzen dein Leben zu gestalten. Aber sie grenzen dennoch aus. Und oft ist es geschehen: Menschen werden im Namen ihres Gottes in Mauern eingeschlossen. Erst in Mauern des Verhaltens, dann des Denkens. Und an dem Tag, an dem sie die letzten Gefühle vertrieben haben aus ihrem Verstehen von Gott, beginnt im Namen der Religion die Entmenschlichung des Glaubens. So aber möchte ich nicht, dass Menschen leben müssen. Der Glaube an Gott darf nicht zum Gefängnis deiner Gedanken werden. Und dein Verhalten nicht zur Erfüllung bloßer Pflicht.

Ich möchte Gottes geheimes Wirken erspüren in unserem Leben. Ich möchte, dass das Fremde zum Wunder unseres Lebens wird und zur Quelle unserer Gedanken und Gefühle. Ich möchte Worte finden, in denen ein jeder Mensch Gottes lebendige Gegenwart spüren kann und doch Geheimnis bleibt. Ich möchte, dass sie umherblicken und doch nicht erblicken. Ich möchte, dass sie hören und doch nicht verstehen. Aber spüren sollen sie seine Gegenwart wie das alles umgreifende Geheimnis des Lebens. Ich möchte, dass unsere Worte von Gott und der Welt mehr sind, als Worte beschreiben können, ja mehr sind als sie selber. Ich möchte Gott niemals festlegen und niemals den Menschen messen an der Erfüllung aller Gesetze, die doch nur den Menschen von außen erreichen können. Nein, Maria, sie müssen von innen heraus wirken, so als wären die Worte und das Leben eines. Ich möchte, dass die Gefühle in dir sich nie wieder beruhigen an dem, was sie äußerlich sehen und wahrnehmen, hören und berühren. Ich möchte, dass unser Reden von Gott dich verwandelt, verändert in deinem Wesen. Ich möchte, dass die Rätsel in dir alles umschließen und nichts ausschließen, am Ende aber ein geglücktes Leben steht in jedem Augenblick deines Menschseins. Seine Augen leuchteten, während er mit Maria sprach, und sie, Maria spürte, dass seine Gedanken ihn ganz durchdrangen. Es war nichts Fremdes mehr in seinen Gedanken von Gott zu sprechen. Wohl blieb ein Geheimnis. Und doch, sprach Jesus, ist jeder Mensch in seinem Gedanken und Fühlen ein Geheimnis und darf es auch sein. Ich möchte deine Liebe nicht missen, Maria. Ich möchte sie spüren in allen Facetten deines Menschseins. Ich möchte die Traurigkeit mitschwingen lassen in jedem Gefühl des Glücks. Ich möchte auch den Schmerz deiner Seele spüren, wenn ich dich sanft im Arm halte, und ich möchte die Zweifel zulassen, die jede Gewissheit durchströmt. Nur so bleibst du ein Mensch. Mit allen Dunkelheiten, die das Licht in dir zum Schatten wirft. Und jede Umarmung, jede Liebkosung muss den Zweifel mit umarmen, damit du ein Mensch bleiben darfst, auch in meiner Liebe. Denn kein Mensch ist vollkommen, kein Mensch lebt ohne Schmerzen und kein Mensch darf verbannt werden ins Gefängnis der Vollkommenheit. Vollkommenheit macht unmenschlich. Und nur mit der Bitterkeit der Mutlosigkeit lässt sich neuer Mut finden oder schenken in ein Leben, das immer der Heilung bedarf. Es gibt kein Leben ohne Krankheit. Und jeder Augenblick in dir ist gefährdet und bedarf des Schutzes. Und wäre es meine Hand, die dich berührt. Das zeichnet dich aus als Mensch. Du bist schutzbedürftig und einsam, solange du alleine bist. Aber daher erwachsen dir die Sehnsucht und die Begabung zur Berührung. Sie zuzulassen ist das Geheimnis der Liebe, die dir geschenkt ist. Ich nenne es das Reich Gottes. Und es umfängt dich geheimnisvoll gegenwärtig. Sein Wort kann ein Gefühl sein. Ein Schweigen oder auch nur meine Hand in der deinen. Sein Wort kann sein wie die Zerrissenheit deiner Seele, die nach Heilung schreit, oder das Leuchten in deinen Augen oder deine Tränen. Wer mag das sagen. Mit Gewissheit ist es dein Leben, das Gottes Wort in diese Welt hineinlebt als pure Menschlichkeit deiner Existenz. Du bist das Wort Gottes, das er hineinverweben möchte in das Göttliche in allem, was dich umgibt.

Und doch, Jesus, fragte Maria. Was ist mit all der Mutlosigkeit, die ich entdecke? Den Wankelmut und die tiefe Einsamkeit. Was ist mit all den Widerständen im Leben und auch mit allen Zerwürfnissen des Lebens? Was ist mit all der Vergeblichkeit, die ich empfinde, und den Dornen am Wegesrand.

Stell dir vor, Maria, Gott wäre wie ein Sämann. Und der Samen in seiner Hand wäre wie dein Leben. Er verteilt dein Leben wie im Überfluss. Gott ängstigt sich nicht, mit deinem Leben verschwenderisch umzugehen. Hab keine Angst, Maria, er, dein Vater, weiß, wie das Leben ist. Manch Augenblick des Lebens landet wie auf falschen Wegen und wird zertreten, und die Vögel des Himmels fraßen es weg. Dir erscheint das Leben nutzlos und elend zu sein. Vergebens vielleicht in diesem Augenblick. Zertretenes Leben und der Mühe nicht wert. Und Menschen werden auch mit deiner Seele so umgehen. Es wird Menschen geben, die deine Seele zermartern und zu zertreten suchen. Und oft wird es dir vorkommen, als würde jeder gute Ansatz des Lebens zerschellen an den Felsen der versteinerten Seelen der Menschen um dich herum. Das Leben wird verdorren, da es keinen Grund zum Leben gibt. Und Menschen werden dir in ihrer Art, mit dir zu leben, vorkommen, als wäre dein Leben gelandet zwischen Dornen und Disteln, die dich zu ersticken drohen. Und glaube mir, ich weiß es. Menschen kommen sich vor wie ständig auf dem falschen Weg, wie ständig unter geifernden Vögeln. Ständig ausgesetzt der Vergeblichkeit. Und ich kenne die Menschen, die in Feuer und Flamme geraten ob einer Idee und eines guten Gedankens, aber sie verfügen nicht über die Geduld der Verwurzelung und der Wind trägt den Eifer hinfort. Ich kenne die Menschen, Maria, die sich vor Sorgen nicht mehr retten können und denen ständig die Luft abgeschnürt wird zu leben, weil sie das ganze Leben zu ersticken droht. Aber lass dir erzählen. Das ist nicht das ganze Leben. Es ist und bleibt ein Teil deines Lebens.

Aber der Sämann, dein Vater, der dich gewollt hat, wie du bist, wirft dein Leben mitten in eine Welt, die niemals nur erstickt, niemals nur Distel ist und nicht alle Menschen werden dir zu Vögeln, die dein Leben hinwegraffen. Dein Leben fällt immer auch auf guten Boden. Und immer ist dein Leben mehr wert als der vergebliche Teil. Dein Leben ist niemals nur zertreten, niemals allein die Einsamkeit, die dich umgibt. Das Leben ist unendlich mehr. Meinst du, dein Gott hätte dich erschaffen wie ein Leuchten in der Welt und würde es dann zulassen, wie du verhüllt wirst mit einem Gefäß oder unter eine Liege gestellt bist. Menschen handeln so. Aber dich soll die geheimnisvolle Kraft niemals verlassen, dass du zum Leuchten erschaffen wurdest und dein Leuchten diese Welt erleuchten möchte im Namen Gottes. Du hältst nicht das Licht in deinen Händen, Maria, du bist das Licht. Und keine Macht der Erde wird es je zum Erlöschen bringen. Es sei denn, du verlierst deinen Glauben, was niemals geschehen darf. Und nahm sie, Maria, bei der Hand, führte sie hinaus zu den Jüngern und sprach fortan in Gleichnissen zu ihnen: Wer Ohren hat, die hörend sind, höre!

Der Sturm

Lk 8,19–25

Warum hast du sie nicht eingelassen bei dir, fragte Maria Jesus. Es waren deine Mutter und deine Brüder, die dich sehen wollten, sprach sie, Maria, die aus Magdala. Sie wollten mich zurückholen, Maria, sprach er, Jesus, nach langem Schweigen. Vielleicht sorgen sie sich um mich, vielleicht um sich selber. Wer mag das sagen. Sie waren unsicher, seit Josef gestorben war, und er, Jesus, hätte der Schutz sein müssen über seine Familie. Er, der Erstgeborene. Er hatte Pflichten zu erfüllen. Doch ich konnte ihnen nicht Schutz sein, Maria, ich kann es immer weniger. Meine Gedanken ziehen mich fort aus Nazaret, immer mehr. Ich weine um meine Mutter und um meine Brüder und Schwestern. Aber ich muss die Seelen beschützen, nicht ihre Häuser. Maria, die Mutter, wusste es immer. Der Sohn wird gehen und er wird nicht zurückkommen. Er wird immer gen Norden blicken und weinen über ihre zarte Hand, die ihm einst Freiheit geschenkt hatte. Und doch, sein Weg war ein anderer. Sieh die vielen. Sie sind fortan, was mir die Meinen immer gewesen sind. Sie, so sprach er, sind meine Mutter und meine Brüder, die mein Wort hören und ihm folgen. Einst wird auch die Mutter folgen. Aber das ist eine andere Geschichte.

Maria, die aus Magdala, nahm ihn in den Arm. Sie spürte, wie er Nähe brauchte an diesem Abend. Er war müde. Sein Geist brauchte Ruhe. Es waren so viele gewesen. Für jeden hatte er ein Wort. Für jeden eine Hand und eine Geste der Versöhnung. Es waren so viele. Warum kommen sie alle zu dir, Jesus, fragte Maria. Weil ich sie nicht strafe für ihre Krankheiten, antwortete er. Sie spüren, dass ich sie nicht verachte ob der Leiden, die sie erdulden müssen. Und sie spüren, dass ihnen ein anderes Leben möglich ist, als sich mit dem Leid abzufinden in ihrer Scham. Menschen dürfen nicht einem Schicksal ausgeliefert sein, auf das sie einst festgelegt wurden. Menschen bedürfen der Erlaubnis zur Zukunft. Und gerade die Elenden werden es verstehen, weil sie es am nötigsten brauchen, Maria.

Sie würden heute Abend nicht mehr mit dem Boot hinausfahren. Er hatte seine Jünger ursprünglich darum gebeten, es zu tun. Aber sie würden nicht mehr hinausfahren, heute Nacht war Sturm angezeigt über dem See. Und er hatte der Stürme genug erlebt in den letzten Tagen. Es war der Sturm der Verzweiflung in den Seelen der vielen. Er sah die Tränen in den Augen derer, die ihn zu berühren suchten. Es war der Sturm einer verzweifelten Hoffnung, dass doch ein Mensch sich erbarmen würde. In ihrem Leid ein Mensch. Und er wollte nicht werden wie einst Jona, der den Sturm besiegt hatte. Er wollte nicht zur Legende werden an einem Volk, das doch nur einen Menschen brauchte, und keine Wunder. Und hatte Jona den Sturm wirklich besiegt? Wurde er nicht vielmehr geopfert und über Bord geworfen, den Sturm zu besänftigen? Ja, er, Jona, wurde geopfert, um den Sturm zu stillen. Doch er, Jesus, wollte keine Opfer mehr. Kein Mensch sollte sich fortan opfern für einen Menschen. Die Stürme würden vorüberziehen. Sie taten es immer. Die Stürme brauchen das Wunder nicht und auch die Menschen nicht. Menschen brauchen Nähe und das Gefühl, einfach sein zu dürfen, wer sie sind. Und darum lehnte er die Fahrt über den See ab. Er wollte nicht mehr sein, was sich viele ersehnten, ein neuer Jona.

Du würdest nicht aus dem Boot geworfen werden, lächelte Maria. Der See ist viel zu klein, und der Sturm. Nein, lächelte er sie an, die kleinen Stürme würde ich mit einem Wort besiegen. Ich würde die Wellen anherrschen und den Wind. Und beide würden sie verstummen. Sie hatte die Schwere genommen aus seinen Augen. Er lächelte. Aber er war müde.

Hast du niemals Angst, fragte ihn Maria. Er ergriff ihre Hand. Streichelte sie sanft und wollte ausweichen. Nicht in deiner Nähe, Maria, sprach er und hielt sie fest in seinen Armen. Nein, im Ernst, Jesus. Ich habe häufig Angst, bestand Maria auf einer ernsten Antwort. Schau, Jesus, wir beten alle zu einem Gott, und doch scheint er die einen zu beschützen und anderen sieht er in ihrem Untergang zu. Mich ängstigt unser Gott. Habe ich sein Erbarmen verdient? Kann ich mir seiner Treue gewiss sein? Ich weiß es oft nicht, sprach Maria. Wer hat dir gesagt, dass Gott rettet? Wer hat dir gesagt, dass Gott zürnt, wie wir Menschen es tun. Und welche Magie willst du beschwören in deinem Glauben. So als wäre Gott ein Tyrann, der einmal gnädig ist und der dann wieder verdammt. Maria, so sind wir Menschen und also glauben wir so von Gott. Aber Gott braucht keine Magie. Gott ist keine Magie. Gott ist weder Moral noch Gesetz. Gott ist über allem Denken und braucht keine Wunder zu tun, um Menschen zu erwärmen für seine Welt. Gott ist doch kein Händler, lächelte er. Er ist, der er ist. Nichts weniger. Betest du nicht, Jesus, fragte Maria. Nicht diese Art Gebet, Maria. Nicht Gebete, die uns untereinander trennen würden in Menschen, die nah oder fern sind einem Gott, der uns alle gleichermaßen umgibt und erfüllen möchte. Und allein unser Herz entscheidet darüber, ob er bei uns sein darf. Nicht sein Kalkül ist es, sondern unsere Angst, die uns fern oder nah sein lässt von ihm.

Ja, Maria, davor habe ich Angst. Ich habe Angst davor, dass wir uns unseren eigenen Gott machen und uns ängstigen, wenn er dann nicht so ist, wie unser Denken es ihm vorschreiben möchte. Ich habe Angst vor einer Religion, die von Angst geprägt ist und von Ungewissheit. Rettet Gott oder rettet Gott nicht. Maria, das ist nicht die Frage. Retten Menschen oder retten Menschen nicht, das ist die Frage. Gott ist Gott und ist bei den Geretteten und sein Schmerz begleitet jeden Untergang. Aber Menschen handeln. Menschen verdammen. Menschen zerbrechen. Und Menschen sind auf der Flucht und zerstören ihre Heimat im Augenblick ihrer Verzweiflung und Ohnmacht. Menschen treiben Menschen in den Untergang oft im Namen des Gottes, den sie gerade erschaffen haben. Aber es ist niemals dein Gott, der dort handelt. Ja, Maria, ich habe Angst auch vor der Verlassenheit. Mich ängstigt jeder vergebene Augenblick. Aber ich habe keine Angst vor Gott. Gott trägt die Menschheit, so wie sie ist. Er macht sie nicht besser und nicht schlechter. Er ist ein geduldiger Gott. Und er ist alles in allem. Also ist er auch im Schmerz an meiner Seite und sieht das Elend und berührt die Wunden der Verzweifelten durch die Hand unserer Hände. Auf alles andere hat er verzichtet. Er hat darauf verzichtet, uns zu strafen oder zu loben. Du kannst dir den Platz an seiner Seite nicht verdienen. Und du brauchst es nicht. Gott ist Freiheit und Liebe. Er ist Gefängnis und Hass, je nach der Wahl, die du selber triffst. Erwarte niemals, Maria, einen Gott der äußeren Taten, und wundere dich nicht, dass er keine Magie ist. Gott ist immer gegenwärtig im Augenblick deiner Entscheidungen. Und darum kann er zum Fluch oder zur Versöhnung werden. Je nachdem, wie du dich entscheidest im Augenblick heilender Nähe, wird er zur versöhnenden Kraft deiner Liebe oder er wird zur Gewalt inmitten der Gewalttätigen. Du fragst, wie ich bete, Maria. Eines Tages werde ich es dich lehren. Doch heute Nacht, so sprach er, sei du der Gott meiner Nähe für mich, denn ich bin erschöpft und müde. Als es Morgen wurde, waren sie alle beieinander. Er, Jesus, Maria, die aus Magdala, und seine Freunde. Hast du den Sturm gespürt, fragten die Jünger. Und hast du die Angst vernommen, die der Sturm angerichtet hat in den Herzen der Menschen. Es war der Sturm der verlorenen Träume. Der Sturm der zerronnenen Jugend. Der Sturm der zerstörten Liebe. Es war, als hätten sich alle Stürme, die irgend möglich waren in den Zweifeln der Freunde, zusammengetan in dieser Nacht. Und der Wirbelsturm der zerstörten Träume warf die eine Frage auf. Warum ist er ruhig geblieben? Warum konnte er, Jesus, schlafen in allen Zweifeln? Warum behielt er die Ruhe inmitten der Angst? Warum nur konnte er so endlos vertrauen? Doch das zu lernen, waren sie bei ihm. Und fortan erzählten sie einander jene Geschichte. Sie waren fortgefahren. Und ein Wirbelwind fuhr herab in den See. Sie liefen voll und waren in Gefahr. Sie traten heran, weckten ihn und sagten: Meister, Meister, wir gehen zugrunde! Und er wachte auf, herrschte den Wind und das Gewoge des Wassers an. Und sie hörten auf – und es ward Stille. Sprach er zu ihnen: Wo bleibt euer Glaube? Furcht ergriff sie und Staunen, und sie sagten zueinander. Wer ist doch dieser, dass er auch den Winden befiehlt und dem Wasser – und sie gehorchten ihm.

Allein Maria schmunzelte und wusste. Es waren nur die kleinen Stürme, die auf ein Wort hin schwiegen. Die großen Stürme bedurften weit größerer Taten. Sie bedurften der Nähe eines Menschen.

Besessen in Gerasa

Lk 8,26–39

Ich kann die Besessenheiten nicht auflösen, sprach er leise am Abend, da er sie wenigstens in eine Schweineherde vertrieben hatte. Er hatte sie nicht aufgelöst. Mit aller Macht hat er es versucht. Er konnte sie nicht vernichten. Allenfalls umleiten. Alles bleibt bestehen. Nicht eine Traurigkeit verschwindet aus der Welt. Alles bleibt. Jede Demütigung bleibt. Jedes Gefühl der Vertriebenheit. Ängste werden nicht besiegt. Sie werden allenfalls nicht zur Verzweiflung. Aber lasst uns von vorne beginnen.

Menschen leben unter uns. Sie sind Getriebene in ihrem Herzen. Ihre Seele fühlt sich verfolgt. Ihr Geist ist verwirrt. Ihre Kleidung zerrissen und sie sind der Demütigung ihrer Umgebung sicher. Schau, was aus jenem geworden ist. Er ist nicht mehr Herr seiner Sinne. Also lasst ihn uns binden. Fesseln wollen wir ihn an seinen Füßen, dass er uns nicht mehr entkommen kann. Wir wollen ihn beobachten bei Tag und bei Nacht. Dies geschieht immer bei Menschen, deren Angst zur Verzweiflung geworden ist. Eingesperrt im Gefängnis ihrer Angst werden sie zur Gefahr für alle, die mit ihnen leben. Und sie beginnen sich zu schützen. Sie grenzen sich ab, ihn aus. Sie zerreißen seine Kleider, bis er völlig unbehaust wird, und wenn er vollends jedes Schamgefühl verloren hat, zerstören sie alle Verbindung zu ihm. Er selbst mag den inneren Kampf anfangs noch gespürt haben. Jetzt nicht mehr. Sobald die Dämonen der Angst Besitz ergriffen haben von ihm, kann auch er sein eigenes Leben nicht mehr halten. War es einst eine Traurigkeit, die ihn berührte, wird sie jetzt zur Tragödie eines Tränenmeeres, in dem er nur noch in Angst ertrinken kann. Wird aus einer verletzten Begegnung

Demütigung, dann verliert sich der Kampf und der Gedemütigte findet sich nur noch in einem wilden Umherschlagen eigener Verzweiflung. Spott verfolgt ihn und das Leben mit anderen Menschen wird ihm zum Hohn. Ein solcher Mensch erträgt die Nähe zu einem anderen Menschen nicht mehr. Alles wird zum Angriff auf seine Person. Die eigenen Gefühle der Scham müssen sich spiegeln in der Schamlosigkeit der anderen. Die eigene Sucht in der Verzweiflung unterzugehen, will all jene mit hinunterziehen, die noch bei ihm sind. Menschen geraten »außer sich« und also können sie nicht mehr »bei sich« sein. Sie ertragen sich selbst nicht mehr und werden unerträglich für ihre Umgebung. Und kein Menschen kann einen solchen Menschen mehr berühren. Du erreichst ihn nicht mehr. Er wird sich selber fremd und also sucht er die Flucht in der Fremde. Und du versuchst ihn bei seinem eigenen Namen zu rufen. Aber er kann dich nicht mehr hören. Er ist nicht nur in die Fremde gezogen. Im Inneren seiner Person hat ein anderer das Leben übernommen. Erst sind es die Geister der Trunkenheit. Dann die Geister der Sehnsucht. Schließlich die Geister der Unzucht. Dann übernimmt der Geist der Angst sein Herz und schließlich verschließt die Verzweiflung seine Seele und sein eigener Name wird ihm unbekannt. Da sie ihn nicht mehr finden in seiner Person, legen sie ihm Fesseln an. Der Wahnsinn ist die eigentliche Person, die ihm jetzt begegnet.

Wenn er jetzt meine Nähe suchte, sprach Jesus weiter, wird er sich gleichzeitig jeder Begegnung verweigern. Und wirklich sprach jener, dem er heute begegnet ist: Bitte quäle mich nicht. Ja, das kann Menschen widerfahren. Sie spüren in sich die Zerrissenheit und die Verzweiflung, die längst die Herrschaft übernommen haben in ihrer Seele, und fürchten doch die Einsamkeit eines gesundeten Lebens. Ja, es ist die Angst vor der Leere, die die Einsamkeit hinterlassen würde, wenn die Verzweiflung fort wäre. Denn die Verzweiflung wird dir erst zum Gefährten, bevor sie Besitz ergreift von deinem Leben. Dann bist du nicht mehr du selbst. Und also. Als Jesus ihn nach seinem Namen fragt, sprach jener: Mein Name ist Legion. Und so ist es immer. Es ist nicht ein Dämon, nicht ein Abergeist, der uns zur Strecke bringt. Es ist, wenn sie in Scharen daherkommen, dann beginnt ein Kampf, dem so viele Menschen erliegen.

Ein trauriger Moment kann durch den Trost einer einzigen Hand und noch mit zarten Worten wieder in Glück verwandelt werden. Und wenn du einer Angst eine Freude entgegenzusetzen hast, wird sie dich nicht überwinden. Was aber, wenn dich deine innere Zerrissenheit gar keine Nähe mehr spüren lässt. Dann kann dir nahe kommen, wer will. Auch die sanfte Liebe wird dich deinen Ängsten nicht mehr entreißen können. Du bist gefangen. Und nur, wenn du deine Gefangenschaft auch als Fessel empfindest, wirst du sie zerreißen wollen. Und alle um dich herum werden sich ängstigen. Aber du musst erkennen, dass du nicht mehr du selber bist. Erst dann wirst du das Verlangen wieder spüren, du selbst werden zu wollen. Sonst bist du verloren. Legion ist dein Name. Denn sie alle haben dich zerstört. War es eine kleine Sucht, jetzt ist sie es, die dich herunterzieht. Und du kriechst am Boden und findest das Kriechen im Elend als deine Normalität, die du nicht mehr missen möchtest. Weil sie das Einzige ist, was du noch zu spüren in der Lage bist. Deine verzweifelte Angst wird dir zur Person, die du fortan selber bist.

Peinlich, beschämt, ungeheuerlich zerstörend, beherrscht die Legion der todbringenden Gefühle deinen Geist. Anfangs wehrte sich das Herz, bis die Seele das Leben verloren gehen ließ.

Auch ich, sprach Jesus, kann eine solche Macht des Todes in einem Menschen nicht besiegen. Ich kann eine verlorene Person nicht zurückbringen. Nicht an allen Geistern der Angst vorbei.

Nicht, dass es mir gelang, sie schließlich in eine Schweineherde zu verbannen, war von Bedeutung. Dass es mir gelang, mit den Ängsten jenes Mannes, so sprach Jesus, überhaupt zu reden, das war der entscheidende Punkt. Sieh, Maria, die ganzen Fesseln hatten doch nichts genützt. Und dass er sich befreite mit äußerster Gewalt, hatte ihm keine Freiheit gebracht. Nur wenn es gelingt, mit den Geistern zu reden, können wir einen Menschen retten. Und jener muss sich trennen wollen von ihnen. Sonst wird er sie immer behalten. Das muss gelingen. Er muss noch Sehnsucht gehabt haben nach sich selbst, sonst hätte er niemals zugelassen, dass ich mit den Legionen des Todes in ihm überhaupt rede.

Maria, sprach er, Jesus, der Dämonen und Abergeister sind so viele. Ignoriere sie niemals und bleibe im Gespräch mit deinen Geistern, auch den dunklen. Nenne sie bei ihrem Namen, bevor sie Legion werden. Und lass sie ausfahren aus dir, bevor sie sich deiner Seele bemächtigen. Sieh, jener hat sein Gewand wieder angezogen. Der entblößt war in seiner Schamlosigkeit, hat seine Würde zurückbekommen. Aber hüte dich vor den Schweineherden. Sie sind alle noch da. Die Welt verliert ihre Angst nicht und Verzweiflung wartet in jeder Nacht auf dich, dein Leben zu zerstören.

Die Gerasener baten dich wegzuziehen, sagte Maria. Warum taten sie das? Sie fürchten sich, Maria, sprach jener. Solange die Verzweifelten wenige sind und sie sie in Ketten legen, fühlen sie sich sicher. Hier aber wurde offenbar, dass sie vor keinem einzigen Halt machen würden. Die Angst wurde allgegenwärtig, als sie in die Schweineherde fuhr. Die Dämonen waren frei zu gehen und zu kommen. Das spürten sie nun. Und in ihren Augen hatte ich sie freigelassen, sprach er, Jesus. Ich aber musste sie freilassen, damit jener eine sein eigenes Leben zurückbekam. Durfte er uns deshalb nicht folgen, fragte Maria. Ja, Maria. Jeder Mensch hat das Recht auf sein eigenes Leben und darf es auch leben. Und nichts sollte aus Dankbarkeit gelebt werden. Und der Mann aber, aus dem die Abergeister ausgefahren waren, ging weg, um in der ganzen Stadt herum zu verkünden, was alles Jesus ihm getan hatte.

Fass mich nicht an

Lk 8,40–56

Wolltest du nicht berührt werden, fragte Maria, als es still wurde und der Abend nahte. Sie spürte seine Erregung und seinen Zorn. Ich bin kein Magier, sprach er, und mein Mantel ist kein Mysterium. Sie hat sich herangeschlichen wie um zu stehlen. Meine Kraft ging auf sie über und ihre Tränen zu trocknen, reichte die Berührung aus. Doch das ist es nicht, was ich will. Ich will kein gestohlenes Heil. Und sie hatte kein Recht, mich zu berühren. Sei nicht so hart, sprach Maria, wer weiß, wie lange sie gelitten hat. Sie schmunzelte ein wenig, nahm ihn in den Arm und begann zu erzählen. Mädchen lieben es, rein zu sein, sprach Maria. Unbeschwert beschrieb sie ihre Kindheit bis zu dem Tag, als das Erwachsensein hereinbrach in ihr Leben wie eine große Verwundung. Das Blut, das aus ihr herausströmte unter Krämpfen und großer Einsamkeit. Niemandem würde sie erzählen von diesem Tag, den kein Kind verstehen kann. Warum müssen Frauen unter Schmerzen erwachsen werden. Schamvoll versuchte sie ihr Gewand zu verbergen, das im Blut getränkt ihr Frausein nach außen kehrte. Kein Mann muss so leiden beim Eintritt ins Erwachsenenalter. Und Zeit ihres Lebens würde sie verschämt den Tag erwarten, an dem sie unrein werde Monat für Monat. Sie durfte die Synagoge nicht betreten und keinem Mann die Hand reichen, so voller Elend schienen die Zeichen der Fruchtbarkeit. Sie schien wie eine Krankheit hereingebrochen in das Leben und Monat für Monat zog sie sich zurück, vermied jede Berührung, bis sie sich selbst unberührbar wurde. Es war ihr wie ein großer Verlust, der Tag, als die Kindheit starb in ihrem Schoß. Wie ein Hereinbrechen der Frau in die Gedanken des Kindes. Von einem

Tag zum anderen ging ihr jeglicher Schutz verloren. Männer werden langsamer erwachsen, als es Frauen gegeben ist. Manche bleiben ewig Kind und verbergen ihr Unvermögen hinter ihren Bärten. Aber Frauen können dem nicht ausweichen, was ihnen die Natur geschenkt hat: die Kraft zu gebären. Und dennoch. Es gibt Frauen, die allein gelassen sind in ihrem Schmerz, erwachsen zu werden. Es ist, als würde ein Tor aufgestoßen, durch dessen Öffnung der kalte Sturm des Lebens eindringt ohne Schutz, ohne Vorwarnung, ohne ein Wort sanfter Berührung.

Eine Frau leidet darunter, eine Frau zu werden, Jesus, sprach Maria ihm leise ins Ohr. Und wehe, sie findet keine zarte Berührung am Tag ihres Schmerzes. Sie wird elend zugrunde gehen bis auf die wenigen Monate, da sie ein Kind in sich trägt. Aber es wird immer das Kind unter Schmerzen sein, das sie gebären wird. Und sie weiß es am ersten Tag, da das Blut aus ihrem Schoß fließt. Sie wird nie wieder ein Mädchen sein, aber sie fürchtet sich stets, eine Frau zu sein. Schutzlos und ausgeliefert. Allzu oft geschieht es: die Seele ist nicht bereitet für das, was der Körper will. Jedenfalls im Leben derer, die alleine sind. So wie die Tochter des Jaïrus, fragte Jesus. So wie die Tochter des Jaïrus, sprach Maria. Die Tochter des Jaïrus hatte sich zurückgezogen am Tag, als sie zur Frau wurde. Vom Schmerz überwältigt wollte sie sterben. Für den Vater sollte sie ewig Tochter bleiben. Niemals nannte er sie bei ihrem Namen. Sie sollte bleiben das unschuldige Kind einer behüteten Liebe. Wie groß mag ihr Schmerz gewesen sein, als sie spürte, dass sie nicht bleiben konnte, was sie war. Sie konnte nicht ewig den Erwartungen des Vaters gehorchen und ihr Körper entwickelte sich zur Frau, die sie in den Augen des Vaters niemals hätte werden dürfen. Kein Wunder lag sie im Sterben. Zu groß war die Zerrissenheit ihres Geistes. Ihre Seele versteckte sich in der Dunkelheit des Herzens und die Scham ließ sie elend liegen in ihrem Bett. Die einst gehorsam war und ein Mädchen, schämte sich ihrer erwachsenen Gefühle und fühlte sich schuldig, dem Vater gegenüber, der sie nicht werden ließ, was sie war. Eine Frau. Als ich neben ihr saß, sprach Jesus, ihre Hand hielt in der meinen, betrachtete ich ihre Augen, sah ihr Lächeln, spürte die zarte Berührung Haut an Haut. Wir sprachen kein einziges Wort und doch spürten wir beide: Sie durfte sein, was sie war. Zum ersten Mal in ihrem Leben berührte sie ein Mann sanft und sie durfte spüren, was es bedeutet, zum ersten Mal, eine Frau zu sein. Noch immer war sie verletzbar. Aber zum ersten Mal fühlte sie sich nicht unrein. Bei dem Gedanken, berührt zu werden, durchzog sie eine Wärme, die sie nie gespürt hatte. Und augenblicklich stand sie auf von ihrem Totenlager der Erwartungen eines Vaters, der sein Kind nicht gehen lassen konnte ins Land der Erwachsenen. Liebst du sie, fragte Maria. Ja, Maria. Ich liebe sie. Ich liebe ihren Schmerz. Ich liebe ihre Traurigkeit und hielt in meinen Händen jeden Augenblick der Scham, bis die Zärtlichkeit die Trauer vertrieb aus ihrem Herzen. Ich hatte Liebe genug in jenem Augenblick, der Frau das Leben zu schenken. Und meine Liebe ist stark genug, sie wieder gehen zu lassen. Es ist nicht unsere Bestimmung, zusammen zu sein. Es war meine Bestimmung, sie ins Leben zu rufen. Herauszurufen aus der Liebe eines Vaters, der Fürsorge und Eitelkeit verwechselt mit dem Drang des Lebens nach sich selber. Sie muss nun lernen, ungehorsam zu sein. Sie muss lernen, der Logik der Vernunft nicht allen Raum zu schenken. Bis zum Tag ihrer eigenen Liebe wird sie lernen müssen, sich nicht alle Monate unrein zu fühlen. Und ich wünsche ihr einen Menschen an ihrer Seite, der sie ansieht nicht mit den Augen einer Religion, die immer nur den Mangel sieht und jedes verletzte Leben der Schuld bezichtigt. Ihr Blut, das sie vergießt, ist das Blut des Lebens, das sich Bahn bricht unter Krämpfen und Schmerzen und doch in der Geborgenheit einer stillen Umarmung von jener

Liebe spricht, die allen Schmerz verwandelt in ein Glück, das auch die Zerbrochenheit kennt. Und jene Frau, sprach Maria, war sie nicht in ihrer Zerrissenheit und Trauer der der Tochter des Jaïrus vergleichbar? Hatte sie nicht auch das Recht auf eine Berührung? Und sei es nur dein Gewand, das sie in Händen hielt, fragte Maria. Das war nicht der Grund meines Zornes, sagte Jesus. Sie hat mich nicht angesehen. Vielleicht aus Scham, vielleicht aus Verzweiflung. Mein Zorn galt der getriebenen Angst. Ich mache der Frau keinen Vorwurf. Aber den Menschen, die sie all die Jahre im Glauben gelassen hatten, dass ihre Unreinheit sie ins Verderben trieb. Kein Mann hatte sie in Liebe berührt, im Augenblick ihres größten Schmerzes blieb sie immer allein und verdächtig. Verdächtig, unrein zu sein. Ich war zornig auf eine Religion, die die Reinheit hoch hielt, anstatt zu heilen. Ich war zornig auf die Scheinheiligkeit der Männer, die sie berührten im Augenblick geregelter Reinheit, sie aber unberührt ließen in Augenblicken größter Einsamkeit. Kein Wunder fühlte diese Frau sich krank und elend. So lange lebte sie in ihrem Schmerz, dass sie das Gefühl wahrer Liebe schon gar nicht mehr suchte. Sie suchte den Arzt in mir und den Heiler. Das war mein Zorn. Menschen suchen den Arzt und bedürfen doch nur der Liebe eines Menschen, der durch seine Nähe das Leben neu erwachen lassen könnte im Augenblick ehrlicher Berührung. So sehr hat jene Frau den Glauben an das Leben verloren, dass sie sich das Heil erkaufen will. So sehr schämt sie sich ihres Lebens, dass sie nicht wagt, ihn, Jesus, anzuschauen. Wie verzweifelt muss das Leben werden, bis es zum Schauspiel wird, das wahre Begegnung nicht mehr zulässt. Wie verzweifelt muss ein Mensch sein, dass er die Verletzung eines anderen Menschen in Kauf nimmt.

Und dann, sprach Maria, wich dein Zorn der Güte. Das liebe ich so an dir, Jesus, sprach Maria zart. Konnte ich zornig bleiben, sprach er, Jesus, als ich sie so elend zitternd vor mir knien sah. Sie hat sich meine Kraft erschlichen, gestohlen vor aller Welt. Als sie mich berührte, spürte ich, wie eine Kraft von mir zu ihr überging. Und doch war es ein Tag der Verzweiflung. Das spürte ich, als ich in ihre Augen sah. Ich hob sie auf und ihr Zittern wich. In meine Arme ließ sie sich fallen im Augenblick unserer Begegnung. Es war nur ein kurzer Moment. Und doch reichte er aus, ihr Elend zu heilen. Sie sprach aus, was sie zu erdrücken drohte. Es war wie eine Mahnung an alle, die sich in Reinheit wägen. Berühre das Unreine. Nur so kannst du der Verzweiflung Herr werden.

Und sah ihr lange nach, jener Frau, die doch nur sein Gewand berühren wollte und dabei sein Herz berührte.

Von Kraft und Vollmacht

Lk 9,1–10

An jenem Morgen, nachdem er die Zwölf zusammengerufen, gab er ihnen Kraft und Vollmacht über alle Abergeister und zum Heilmachen von Gebrechen. Und sandte sie aus, das Königtum Gottes zu künden und die Kranken zu heilen. Lange schaute er, Jesus, jedem Einzelnen in die Augen. Er stand dicht vor ihnen. Berührte ihre Stirn mit seiner Stirn. Er nahm ihre Hand, jeden Einzelnen von ihnen nahm er in den Arm und flüsterte ihnen ein Wort ins Herz, das sie nie mehr vergessen sollten. Es ist Gottes Reich, sprach er, nicht das unsrige. Seine Welt, nicht die unsrige. Er weinte, als sie loszogen. Jeder in eine andere Richtung. Sie werden so allein sein, dachte er, wie ich allein war, als alles begann. Ob sie es begriffen haben, fragte Maria leise. Sie stand hinter ihm. Versuchte ihm Halt zu geben. Sie spürte, wie er zitterte. Sein ganzer Leib zitterte im Augenblick des Abschieds.

Sie werden sich einsam fühlen in den Nächten, sagte Maria. Sie stiegen den Berg hinauf. Es war der Weg, den einst Maria und Elisabet beschritten hatten. Den Berg, auf dem sie ihre Tränen geweint hatten über ihre Söhne. Der Berg der ersten Liebe für ihn, Jesus, und die Nächte, die sie im Gespräch verbracht hatten. Er, Jesus, und Maria, die bei ihm sein würde, noch am Tag des Scheiterns würde sie Tränen der Liebe weinen. Ich habe ihnen alles vorgelebt, was ich in meinem Herzen fand, Maria. Sie waren dabei. Kein Wort blieb ihnen verborgen und keine Berührung. Als sie den Gipfel erreicht hatten, setzten sie sich. Sein Blick ging weit. Er schien in der Zukunft zu sein. Fern und doch so nah.

Sie werden eine Doktrin machen aus jedem Satz, sprach er mit gebrochener Stimme. Sie werden Weisungen schreiben, wo ich das Leben wollte. Sie werden Bedingungen setzen für Vergebung. Und sie werden die Verzweiflung pflegen in meinem Namen. Sie werden die Gewänder wechseln und Roben der Gerichte tragen, die sie denen gleich machen werden, die die Schmerzen verursacht haben. Sie werden Lieder singen und keinen Trost finden. Sie werden den Kelch erheben und es wird der Kelch des Elends sein, den sie nicht verwandeln können. Ihre Gebete werden den Staub der Erde nicht verlassen und den Himmel niemals sehen. Sie werden schwach sein und darum die Größe des Sohnes preisen. Sie werden leben in meinem Namen und sie haben nichts verstanden. Sie werden zum Gesetz erheben, was ich heilen wollte. Und Unheil wird kommen über die Menschen in meinem Namen. Sprach es und schlief in den Armen von Maria ein. Er war müde geworden. So müde.

Maria streichelte sein Haar. Spürte seinen Atem. Sah in die Ferne und spürte seine Nähe. Grenzenlose Freiheit, sprach sie, leise nur. Sie sollte ihn nicht wecken. Nicht in diesem Augenblick. Du wolltest sie frei sehen, die in sich gefangen waren. Sie sollten mutig ihre eigenen Wege gehen. Sie sollten sich ihre eigenen Wege getrauen. Freiheit im Denken und Fühlen schenktest du in ihre Herzen. Und doch sind sie kleingläubig. Verstecken sich hinter der vermeidlichen Größe der anderen. Noch hörte sie ihn sprechen in der Synagoge der Heimat: Freiheit den gefangenen Seelen, Heilsbotschaft für die Armen, Freilassung den Gefangenen, Blinden ein Aufblicken. Gesandt zu heilen, was verwundet ist. Und die Bilder trieben ihr die Tränen in die Augen. Sie spürte seine zarten Berührungen, die so voller Sehnsucht waren nach einer heilen Welt, in der du dir die Liebe niemals verdienen musst. Sie spürte sie in seiner Nähe. Eine so sehnsuchtsvolle Liebe, als käme sie aus einer anderen Welt oder doch aus seinem Herzen. Es war sein Herz, das sie berührte, und nur, wenn seine Jünger berührt waren von seinem Herzen, werden sie es verkünden können, das Reich Gottes mitten unter den Menschen, das spürte sie, Maria.

Nur wenn sie selbst berührt wären, würden sie andere Menschen berühren können, das wusste sie. Hoffentlich haben sie es nicht nur verstanden, flüsterte Maria, hoffentlich haben sie es auch gespürt, das Brennen der Liebe in ihren Herzen. Und sie erinnerte sich an seine letzten Worte, bevor sie davonzogen, hinaus in die Welt, gesandt wie er, ohne Unterschied.

Und er sprach zu ihnen: Nehmt nichts mit auf den Weg, keinen Stock, keinen Ranzen, kein Brot, kein Geld und keiner habe zwei Leibröcke. Schutzlos sandte er sie in eine Welt, die sich ständig neu bewaffnet. In einer Welt, in der Besitz und Sicherheit über alles ging, machte er sie schutzlos. Den Menschen ausgeliefert ohne Halt, ohne Rückversicherung, ohne Geld, ohne Brot. Die, die gesandt waren zu heilen, waren selbst so verletzbar. Angewiesen auf Menschen, die ihr kleines Stück Brot teilen würden, nur um ein Wort des Heiles zu vernehmen. Menschen, die selbst verletzt waren, würden sie aufnehmen. Menschen mit gebrochenen Herzen schützen das Herz eines Menschen in sanfter Gebrochenheit ihrer eigenen trauernden Seelen. War dies das Geheimnis? Menschen mit gebrochenen Herzen verstehen das Heilige. Ohne Stock und Stab wären sie wehrlos. Aber vielleicht will das die Liebe sein, wehrlos und ausgeliefert. Vielleicht kann sie sich nur dann hingeben, wenn sie frei ist von allem Verdacht und aller Angst, verletzt zu werden. Aber wie oft wird sie zertrampelt werden. Niedergeschlagen auf dem Weg nach Jerusalem, dem himmlischen Jerusalem. In ihren Armen spürte sie seinen Schmerz. Sein Atmen ging unruhig. Sie spürte, er träumte. In seinen Träumen sah er seine Jünger, wie sie aus den Städten vertrieben wurden. Es waren die

Städte der Gesetze und geordneten Religionen. Wie sie sich doch glichen. Die Institutionen der Macht. Noch bevor sie in die Herzen der Menschen blickten, hatten sie ihr Urteil gesprochen. Gefangenen wurden die Fesseln immer enger. Bis sie sich nicht mehr bewegen konnten vor Kummer und Elend der Seele. Blinden wurde das Licht geraubt. Noch bevor sie die Augen öffnen konnten, fanden sie sich in den Verließen der Verlassenheit. Wer nicht schnell genug laufen konnte und fliehen vor der Gewalt der Angst, dem wurden die lahmen Beine gebrochen und sie verstummten vor dem Lärm der anderen, die immer alles richtig machten in den Augen der Spiegel, in die sie sahen. Es waren die Spiegel der Eitelkeit und mächtiger Selbstüberschätzung.

Manchmal nur, da wurden sie aufgenommen in den Häusern der Blinden. Auf den Feldern der Lahmen. In den Armen der Tauben und Sprachlosen konnten sie sprechen ein Wort des Erbarmens. Und die Wärme des Reiches Gottes wärmte die Herzen der Menschen in ihren Hütten der zerbrochenen Seelen.

In jeder Stadt fanden sie Menschen, die ihnen die Hände entgegenstreckten. Mit Tränen in den Augen einer Botschaft entgegen, die sie für verloren gehalten hatten.

Als er erwachte, in den Armen von Maria, ihre Nähe spürte und ihre Hände, die sanft durch sein Haar streichelten, wusste er, sie würde sich nicht mehr aufhalten lassen, die Botschaft einer heil werdenden Welt, die auch die zerbrochenen Herzen nicht verloren gibt. Die Zweifel würden bleiben. Und er wird auch nicht alle Verzweiflung heilen können und seine Jünger auch nicht. Aber es gibt einen Aufstand der Herzen in einer Welt der ermordeten Träume. Es gibt das Erwachen der Herzen inmitten der Schreie. Ein Aufbäumen der Seelen gegen eine traumlose Welt.

Ja, es gibt sie noch die Solidarität der Armen in der grenzenlosen Überzeugung, dass das berührte Leben noch Zukunft hat. Ja, es gibt noch gewaltlose Liebe in einer Welt der verkauften Seelen und eine Sehnsucht, die zur Hoffnung wird für eine verlorene Menschheit.

Herodes aber, der Gaufürst, hatte von all dem Geschehen gehört und wusste nicht ein noch aus, da einige sagten: Johannes ist von den Toten auferweckt; andere aber: Elija ist erschienen; wieder andere: ein Prophet – von den alten einer – ist auferstanden. Herodes dagegen sprach: Johannes habe ich selbst köpfen lassen. Wer nun ist der, über den ich solche Dinge höre? Und er suchte, ihn zu sehen.

Er ist nur ein Mensch, sprach Maria, nur ein Mensch. Ein Mensch von Gott, aber ein Mensch.

Dann kehrten die Sendboten zurück und erzählten ihm, was alles sie getan. Und er nahm sie mit und zog sich zurück, abseits, in eine Stadt, Betsaida genannt.

Da nahm er fünf Brote

Lk 9,10–17

Immer wieder zog er allein oder mit seinen Jüngern hinüber nach Betsaida, nordöstlich vom See. Ruhe zu finden, Frieden, neue Kraft. Tage des Friedens am Ort der Jagd. Denn ein Gejagter war er. Es gibt keine Ruhe für den, der den Ruhelosen Frieden verschaffen konnte. Es gibt kein Aufatmen für den, der so gern wieder schweigen würde. Er suchte den Ort des Schweigens in seinem Herzen, wo auch er wieder Worte hören konnte. Es gab keine Stille mehr im Land der schreienden Herzen, keinen Raum mehr für berührte Hände. Es waren nur Augenblicke. Augenblicke mussten genügen, bis die Scharen ihn neu ereilten. Maria sah es in seinen Augen. Die Sehnsucht nach Ruhe, die schwindende Kraft. Es war nur ein Augenblick Schweigen zwischen ihnen und sie wusste: Sie war seine Kraft. So blieb sie bei ihm, so nah, dass er ihren Atem spüren konnte, während er sprach zu den vielen über das Königtum Gottes. Sein Königtum, sprach er, ist mild. Und Milde ist keine Schwäche in seinem Reich. Mild sind seine Worte, sie flüstern und legen sich wie ein Hauch der Güte auf unser Verstehen und Fühlen. Seine Hände sind sanft, in den Armen seiner Güte wird Vergebung zur Treue, die du spüren kannst. Sein Königtum ist der Schutzraum für deine Gedanken, sein Reich ein Ort der Träume, die lebendig werden in den Herzen der Menschen. Sein Königtum ist weise. Es kennt deine Schwächen und erlaubt dir Fehler. Du musst nicht perfekt sein im Reich deines Vaters, denn er hat dich geschaffen als werdendes Wesen seines unfehlbaren Willens, das Gute zu erschaffen. Sein Reich ist die Freiheit zu sein. In seinem Reich gibt es keine Grenzen und also gibt es nichts zu beschützen. Der Atem seiner Liebe beschützt dein ach so ängstliches Herz. Und die Schläge des Herzens werden in seinem Reich zu schwingenden Flügeln leidenschaftlicher Sehnsucht nach Berührung, die niemals weh tut. Tränen im Reich Gottes werden zu Flüssen, die die Wüsten lebendig machen. Das Königtum Gottes, so sprach er, ist die Rückkehr von Geborgenheit in eure verscheuchten Seelen. Er sah sich kurz um zu Maria, lächelte sanft und sprach: Und du bist der beste Teil von Gottes Reich, in meinem Herzen. Du bist sein Geschenk in den Nächten der Einsamkeit. Meine einzige Erinnerung, wenn mich selbst Nacht umgibt und Angst.

Vielleicht, nein sicher, das dürft ihr einander sein. Gottes Geschenke in der Nacht, wenn die Angst die Zweisamkeit vertreiben will, und der Schnee schwarz wird von den Stiefeln der Gewaltigen, die das Reich Gottes nie gespürt, nie berührt und nie gekostet haben. Das Reich Gottes überschüttet euch nicht willenlos. Du musst es atmen wollen. Nur so kann es dein Herz umspülen. Du musst dich öffnen inmitten der Nacht, musst der Milde mehr trauen als der Gewalt. Und es werden Schmerzen sein, das Licht der Sonne zu ertragen, nach den Jahren der Nacht.

Schau, Maria, sprach er, es sind die Lahmen, die uns folgen, die Blinden und Stummen. Die Tauben und die gebrochenen Herzens, sehnen sich nach einem neuen Reich, das das Leid beendet. Erst in ihren Herzen, dann in ihren Sinnen. Und er nahm sie auf, redete zu ihnen über das Reich Gottes und die Heilung brauchten, heilte er.

Der Tag begann sich zu neigen. Und die Zwölf traten heran und sprachen zu ihm: Entlass die Leute, dass sie sich in die umliegenden Dörfer und Gehöfte aufmachen, um Herberge und Speisung zu finden; denn hier sind wir an einem öden Ort. Sprachen es und wurden Zeugen seines Zorns, dann seiner Milde, seines Mitgefühls. Der Zorn traf sie, die Jünger, und zu Recht. Wegschicken, sprach er mit fester Stimme. Ich soll sie wegschicken, die zu mir gekommen sind. Sie sind gekommen voller Hoffnung und Sehnsucht nach einem guten Wort, das Zukunft spricht in ihre verzweifelten Seelen. Sie kamen, um berührt zu werden an ihren verwundeten Leibern und ihren blutenden Herzen, Trost zu finden in meinen Armen. Und nun soll ich sie wegschicken. Was habt ihr gelernt? Sonntagsreden und ein paar Wunder? Sein Blick ging von einem zum anderen wie damals, als er sie sandte zu den vielen. Habt ihr so gelehrt, fragte er sie. Habt ihr Wunder getan und den Hunger nicht bekämpft? Sagt mir, was wäre das gewesen. Sie hätten euch geliebt, doch nur bei Tag. Denn in der Nacht hättet ihr sie allein gelassen mit ihrem Hunger. Was nützen uns die Träume von Gottes Königtum, wenn es nicht sättigt? Sagt mir, herrschte er seine Jünger an, habt ihr je verstanden, was geschehen wird, was geschehen ist, was geschehen muss? Nein, meine Freunde: Gebt ihr ihnen zu essen. Heute werde ich kein Wunder vollbringen, nicht in diesem Augenblick. Ich fordere euch: Gebt ihr ihnen. Und wie zum Trotz brachten sie fünf Brote und zwei Fische. Sollen wir ihnen das geben. Das einzige, was wir noch besitzen. Sollen wir ihnen das Wenige in ihre Mitte legen und Fünftausend würden sich stürzen auf das Wenige. Sie wären wie Wölfe, die sich um das Wenige reißen werden. Sie werden übereinander herfallen und der Sohn wird kämpfen gegen seinen Vater, Kinder gegen ihre Mütter und die Jungen werden die Alten zertrampeln um der fünf Brote willen und der zwei Fische, weil mehr wir nicht zu geben haben. Lass uns wenigstens losziehen, sprachen sie, um Essen zu kaufen, um den Krieg der Brote zu mildern, sprachen sie, und fühlten sich klug in seinem Zorn. Seht, sprach er, und lernt. Es geht nicht um Besitz. Ihn zu teilen wäre einfach. Und wären der Brote zu wenig, so kennen sie den Krieg gut aus ihrem vergangenen Leben. Sie kennen den Kampf ums Überleben und die Toten sind kalkuliert in ihren geschundenen Existenzen. Es geht nicht darum, was ihr ihnen zur

Verfügung stellen könnt, gönnerhaft oder aus Sorge. Es geht nicht darum, dass ihr euch rechtfertigt für das Wenige, was ihr zu geben habt. Lasst sie lagern in Sitzgruppen – zu je ungefähr fünfzig, sprach er, Jesus. Und so geschah es. Und sprachen darüber, was sie tags gehört hatten. Das Königtum Gottes hatten sie erspürt. Inmitten ihrer Qual wurde ihnen Berührung zuteil. Ein Wort der Milde gegen das Geschrei der Gewalt. Ein Wort der Vergebung inmitten einer Welt, die schuldig spricht, anstatt den neuen Beginn zu ermöglichen. Sie fanden Barmherzigkeit statt gnadenloser Gerechtigkeit. Ein Wort der Zuneigung und eine Berührung der Sehnsucht, die die Herzen erreichte und den Blinden das Aufschauen ermöglichte. Die Lahmen tanzten im Kreise der Fünfzig und ein Aufatmen war bei den Tauben, die den Gesang des Reiches Gottes erspürten. Und die Stummen sangen das Lied der Versöhnung.

Und dann sahen sie auf, sahen ihn, Jesus, wie er die fünf Brote nahm und die zwei Fische. Lange hielt er sie in seinen Händen empor zum Himmel und sie hörten seine Worte. Gepriesen bist du, Herr, unser Gott. Du schenkst uns das Brot. Frucht der Erde und der menschlichen Arbeit. Du schenkst uns das Brot, damit es uns werde Brot des Lebens. Gepriesen bist du, Herr, unser Gott. Du schenkst uns den Fisch. Frucht der Gewässer und der Künste der Fischer. Du schenkst uns den Fisch, damit wir satt werden. Gepriesen bist du, Herr, unser Gott. Gepriesen bist du, Herr, unser Gott, denn du schenkst uns Menschen, Gemeinschaft in Freude und Leid, Glück und Schmerz. Frucht deines Willens, dass wir einander begegnen in Mitgefühl und Sorge füreinander. Lass uns werden, was wir sind. Zärtlichkeit inmitten der Kälte, Weisheit inmitten von Torheit, berührte Seelen inmitten von Verlassenheit. Du schenkst uns einander, um in uns unsere Sehnsucht zu stillen. Gepriesen bist du, Herr, unser Gott, Schöpfer der Welt. Denn das ist das Königtum Gottes mitten unter uns, Gemeinschaft derer, die einander sättigen im Augenblick des Hungers, die einander halten im Augenblick der Haltlosigkeit. Menschen, die einander trösten, wenn Angst und Sorge uns überkommen. Die einander Stimme sind, wo andere schweigen, Schutz gewähren und Liebe, bevor sich die ganze Menschheit einander ausliefert wie jene, die sich stürzen auf jene fünf Brote und zwei Fische, noch bevor sie gesegnet sind.

Stille ward. Und er, Jesus, gab sie den Jüngern, die sie den Leuten vorlegten. Sie aßen und wurden alle satt. Und der Überfluss an Brocken, der ihnen geblieben war, wurde aufgehoben – zwölf Körbe.

Um Gott zu fragen, wer er sei

Lk 9,18–19.27

Es war an der Quelle des Jordan. Dort, wo lebendiges Wasser vom Berg freigegeben wurde hinab in die Täler Israels. Da betete er, Jesus, allein. Und seine Jünger waren bei ihm. Gott zu fragen, wer er sei, war sein Gebet. Immer wieder ging sein Gebet zu Gott um die Frage der eigenen Existenz. Wer war er? Er wusste es nicht. War es sein eigener Weg vor Gott oder Gottes Weg mit ihm? Er wusste es nicht. Gott schwieg. Und so fragte er die Freunde. Doch die Freunde kannten Gottes Plan nicht und nicht sein Leben. Also zitierten sie die Epochen der Propheten. Groß sei er wie Johannes der Täufer. Mächtig wie Elija. Er war ihnen gleich: ein Prophet – von den alten einer. Die Zitate waren nur der verzweifelte Versuch der Jünger, sein Leben gerechtfertigt zu sehen im Licht ihres Glaubens und ihrer Hoffnung. Petrus war sich sicher. Du bist der Messias Gottes. Doch er, Jesus, spürte es nicht in sich. Er war weder ein Prophet, noch war er der Messias. Er konnte nicht einfach die Summe der Erwartungen sein im Licht der Scharen oder seiner Jünger. Sein Leben war das eines Menschen. Mehr wusste er nicht. Er hatte es bei den Alten gelesen, und doch war ihm die Schrift vertraut und fern gleichermaßen. Er liebte den Jesaja, konnte sein Herz brennend spüren, wenn es um die Befreiung der Menschen ging von den Fesseln der Zeit und Religion. Kein Mensch sollte im Namen Gottes leiden müssen. Und er fand es ein Verbrechen, Menschen im Namen Gottes zu verurteilen. Krankheit und Leid, Aussatz und Blindheit wurden ihm zum Geschwür einer Religion, die die Menschen im Grunde verachtete. In Gottes Namen. Es war die Suche nach dem Heiligen und ihm kam es vor, als wäre es ein heiliger Rest von Heuchlern, die sich im Namen Gottes scharten um eine Schrift, die zu belegen schien, dass Gott selbst das Gericht wollte der Menschen über Menschen. Aber es waren Aufzeichnungen von Menschen, die ihre Religion beschrieben, ihren Gott, ihre Gesetze. In den Worten der Propheten tauchte der Rest einer Verheißung auf, die ihn selbst sehnsuchtsvoll suchen ließ nach Gottes Willen. Doch mehr und mehr keimte in ihm auf: Gott will keine Religion. Gott will den Menschen in seiner Menschlichkeit. Gott braucht keine Opfer und keinen Gehorsam. Gott möchte ein fühlendes Herz und eine milde Geborgenheit. Einen Tisch gedeckt mit Brot und Wein und die Zärtlichkeit einer Treue, die Menschen füreinander leben um ihrer selbst willen. Im Gebet sprach er, Jesus, wer bin ich? Und er wusste, wer er war. Er war das Mitleid in seinem Herzen, die brennenden Augen im Tränenmeer der Verzweiflung, wenn ein Mensch Not litt. Er war das Ohr, das die Schreie vernahm nach Gerechtigkeit und Erbarmen war seine Antwort auf die Unbarmherzigkeit der Gesetze. Er war der Zimmermannssohn von Gott geboren. Weil jeder Mensch von Gott geboren ist. Vielleicht war er auch allein der Sohn der Maria, seiner Mutter, und Josef der Mann seiner und ihrer Rettung. Wer mag das sagen. Aber das Leben gelernt hat er an ihrer Seite. Auf den Dächern der Städte vernahm er die Lieder der Religionen in einer Vielfalt und Gestalt, dass keine einzige für sich allein die wahre Religion sein konnte. Auch nicht die eigene. Gott ist mehr und größer, als Menschen es aussprechen können. Gott ist gegenwärtiger in der Liebe der Herzen als in den Synagogen und Tempeln der Religionen. Gott ist das zerschlagene Herz in den Händen der Barmherzigkeit und die Lieder der Sehnsucht und Liebe sind ihm näher als die Gebete der Priester. Hier am Urquell des Jordan spürte er, dass jede Religion das Wasser schal machte im Bewahren von Macht und Kultur für wenige. Die Wasser des Lebens aber waren im Quell des Jordan. Unbändig in seiner Reinheit, klar und rein. Sein eigenes Leben aber konnte nicht weniger sein als ein Quell des Lebens, das von Gott kam und sich nicht aufhalten ließ in den Kerkermauern einer Religion, die den Menschen missachtet, um Gott treu zu sein. Den Menschen aber zu achten in all seiner Schwachheit, in all seiner Verletzbarkeit und Kleinheit, war seine Religion. Sein Glaubensbekenntnis war der Glaube an eine Schöpfung, die von Gott ins Licht und ins Leben gesetzt war in seiner Güte. Gott liebt auch das Versagen und die Tränen, sprach er, als die Jünger sich um ihn scharten. Er sah auf zu Maria, vielleicht die einzige, die ihn verstand. Gott liebt die zerbrochenen Herzen und gab uns Hände und Worte, Zeichen und Gefühle zu spüren und zu heilen, was verwundet ist.

Und sprach, es müsse sein, dass der Menschensohn viel leide, verworfen werde von den Ältesten, Hohenpriestern und Schriftgelehrten, getötet – und am dritten Tag auferweckt werde. Der Menschensohn wird zur Zerreißprobe werden für alle, die hofften, es gäbe noch Versöhnung zwischen ihm und dem Glauben seiner Zeit, der verkörpert wurde durch die naive Hoffnung eines Volkes in den Händen der Hohenpriester und Schriftgelehrten. Er wird sie nicht überzeugen durch seine Worte und nicht durch das Heil, das seine Hände bewirkten in den Herzen der verscheuchten Seelen. Es wird ihnen nicht genügen, dass die Dämonen wichen und die Angst besiegt wurde, dass durch seine bloße Anwesenheit sich der Hunger in den Herzen der Menschen wandelte in Sehnsucht. Und doch wird er nicht ablassen. Schärfer werden seine Worte, immer entschiedener seine Kraft, den Menschen ein Wunder zu sein in ihrer Hoffnung. Und dennoch wird er verraten und verkauft, am Tage der Entscheidung wird er allein sein und die Tränen werden das Kreuz nicht verhindern, das er tragen wollte, wie alle es tragen werden, die ihm folgen. Es gibt nicht den Tanz des Glaubens ohne den Preis des Todes. Nicht mit ihm. Nicht weil er es wollte. Nein, weil die Welt ihn nicht wollte, den Menschen, der lebte um der Menschen willen.

Der Gedanke der Freiheit wird auferstehen am dritten Tag. Die Sehnsucht nach Leben und die Hoffnung auf Liebe. Sie werden nicht sterben am Kreuz der Verachteten. Es wird ewig bleiben die Hoffnung auf Gnade und das Gebet. Vater, wer bin ich? Das ist sein Gebet. Und sein Leben wird Gottes Antwort sein. Du kannst nicht zurück. Auch nicht um deiner selbst willen. Du wirst sein ein Getriebener deiner eigenen Sehnsucht und die Zärtlichkeit jeder Berührung wird dich fortführen in die Arme der Menschen, die dieser Berührung bedürfen.

Vergesst, was ihr gelernt habt in den Tagen der Jugend, sprach er den Jüngern. Von Gott wird es keine Propheten mehr geben und der Messias wird nicht erscheinen auf den Wolken des Himmels. Wer von Gott ist, bleibe ein Mensch, sprach er, Jesus, einfach ein Mensch. Habt Augen für die Nöte der Menschen, ein Wort des Trostes den Trauernden. Gebt Brot den Hungernden und haltet Frieden untereinander. Gebt Rechenschaft von eurer Liebe und Zeugnis eurer Barmherzigkeit. Werdet zur Provokation für die Mächtigen und zum Mitleid für das Volk. Versucht nicht, euer Leben zu retten, rettet das Leben derer, die es verloren haben.

Zu allen aber sagte er: Wenn einer hinter mir hergehen will, der sage sich los von sich und nehme sein Kreuz auf, Tag um Tag – und so folge er mir. Denn wer sein Leben retten will, der wird es zugrunde richten. Wer aber sein Leben zugrunde richtet – um meinetwillen – der wird es retten. Denn: Was wird es einem Menschen nützen, die ganze Welt zu gewinnen, sich selbst aber zugrunde zu richten oder einzubüßen? Denn wer meiner und meiner Worte sich schämt, dessen wird der Menschensohn sich schämen, wenn er kommt in seiner und des Vaters und der heiligen Engel Herrlichkeit. Sprach es und schwieg. Und schwiegen die Freunde. Nur Maria kam zu ihm in jener Nacht, streichelte sein Haupt, liebkoste seine Wangen und wusch seine Tränen ab mit ihrem Haar, wie einst jene Frau, die unter Tränen Vergebung erflehte um ihrer Liebe willen. Dies alles geschieht aus Liebe, sprach sie sanft, ich spüre das Zittern in deinen Händen. Es geschieht aus Liebe, wiederholte er zart. Sah in ihre Augen, da beide schliefen ein in jener Nacht, die nun begann. Es war ein unruhiger Schlaf aufgewühlter Liebe und Angst, dass sie verloren geht zwischen den Mühlsteinen einer Zeit, die stets größer und mächtiger schien als die kleine zarte Liebe zwischen Menschen, die Menschen waren einer großen Hoffnung. Und flüsterte, er, Jesus, wahrhaftig! Unter denen, die hier leben, sind einige, die den Tod nicht kosten, bis sie das Königtum Gottes sehen. Maria wusste darum.

Das große Glück

Lk 9,28–36

Und saßen sich gegenüber, er, Jesus, und sie, Maria, die aus Magdala, am Abend danach. Dein Gesicht hat sich verändert, sagte Maria, lächelte und strich mit einem Finger ihrer Hand über eine Falte auf seiner Stirn. Was ist geschehen auf dem Berg, wollte sie wissen. Er schwieg. Ich kann es dennoch erkennen, sagte Maria trotzig. Ich kenne dein Gesicht und es hat sich verändert. Du kannst schweigen, Jesus, ich kenne dich dennoch. Schau, auf deiner Stirn sind tiefe Falten. Die trägst du schon lange, es sind die langen Falten deiner Suche nach dir selber. Sie sind fast so tief wie die Wadis der Wüste. Seit Jahrhunderten graben sie sich wie tiefe Narben in die Wüste. Sie bringen den Regen aus den Bergen in furchterregenden Strömen hinab in die Wüste. Es sind die Wege der Zerstörung, die sich durch die Wüste ziehen. In ihnen sind Menschen gewandert auf dem Weg aus den Tälern und sind unter die Räuber gekommen in der Kälte der Nacht. Das Wasser hat Menschen in den Wüsten ertrinken lassen. Es sind die Narben des Schicksals, die sich in dein Gesicht vergraben haben. Dinge, die du stets erlitten und nie beeinflussen konntest. Es sind die Narben der Verfluchten, die ich in deinem Gesicht lesen kann. Dann die Falten zwischen deinen Augen, sprach Maria, es sind die Falten deines Denkens und Grübelns. Immer wenn du nachsinnst über die Menschen, entstehen sie und machen dein Gesicht grimmig, so als wolltest du sie durch deinen Gesichtsausdruck vertreiben, die trüben Gedanken der Menschen. Die Dämonen in ihren Herzen sollten sich ängstigen vor deiner Denkerstirn. Dann die Falten um deine Augen. Es sind die Falten des Alters und der Sonne, die deine

Haut spröde hat werden lassen vom Licht, das sie nicht ertragen konnten, oder der Tränen, die in ihnen ihre Bahn fanden. Es sind die Falten der Sehnsucht, die deine Augen traurig machen. Dann die Falten um deine Mundwinkel. Sie zwingen dich zu einem ernsten Gesicht. Selten habe ich Lachfalten in deinem Gesicht entdeckt. Es sind die Falten der Schmerzen, die sich um deinen Mund fanden in den Nächten der Wüste.

Manchmal siehst du aus wie Mose, der einst sein Volk in die Freiheit geführt hat. Es sind die Falten des Gesetzes, die sich tief in dein Gesicht gruben wie Folterwerkzeuge, die dein Gesicht aussehen lassen wie in Stein gehauene Geschichte einer betrogenen Freiheit, die das Heilige nie gesehen hat. Vielleicht ein einziges Mal. Damals auf dem Berg beim Dornbusch, der ihm, Mose, die Narben des Gesetzes in Stein und in sein Gesicht geschrieben hatte. Mose verbarg den Undank seines Volkes, das die Freiheit erbeten hatte und sie dennoch nicht zu leben vermochte, hinter einem weißen Bart, der seine Narben der Enttäuschung vergrub. Und dann wieder kommst du mir vor wie Elija, der den Götzen trotzte in den Gedanken des Volkes. Freiheit vor Fremdherrschaft und Freiheit vor falschen Göttern, hatte ihre Falten bestimmt. Was sind die deinen, fragte Maria, ihn, Jesus, lächelnd, sanft lächelnd. Du hast die Falten unter den Augen noch nicht gesehen, Maria, sagte er schmunzelnd. Es sind die Falten, die ich bekommen habe, seitdem wir uns kennen, Maria. Es sind die Falten für eine Frau, die ständig Fragen stellt, versuchte er auszuweichen. Sie ließ sich nicht abschütteln. Und doch, sagte sie, dein Gesicht hat sich verändert. Es strahlt auf eine Art und Weise, wie ich es immer nur sah in meinen Träumen, vielleicht auch bei Nacht, wenn du mir Trost warst und deine Wärme mir die Angst vor der Kälte nahm. Dann, allenfalls dann, sah ich dein Gesicht so strahlen wie heute, den ganzen Tag.

Und endlich sprach er, nur leise, aber er, Jesus, sprach. Ich habe endlich gefunden, wonach ich so lange gesucht hatte, sprach er. Es gehört alles zusammen, sprach er. Das Glück und das Leid. Sie sind keine Gegensätze im Schicksal deines Lebens. Weder Bestrafung noch Belohnung. Sie sind wesentlich menschlich. Auch die Tränen der Nacht und das Lachen am Tag wollen dir das Leben nicht zerreißen in Freude und Leid. Krankheit und Tod trennen dich nicht von Gesundheit und Tanz. Und Zweifel und Glaube führen die Wege des Lebens wie Kälte und Wärme, wie der Schnee auf den Bergen und die Strahlen der Sonne bei Tag. Es gibt nichts, was nicht du wärest immer im Augenblick deiner Entscheidungen. Du bist ein Geschöpf der Freiheit. Und alle Menschen haben die Kraft und die Fähigkeit zu eigener Entscheidung. Böses ist kein Fluch und Gutes zu tun keine Tugend. Es sind die Früchte deiner Entscheidungen. Das Volk schrie nach Freiheit und Mose erstritt den Weg durch die Wüste. Dasselbe Volk murrte über das Los der Freiheit und es war immer dasselbe Volk. Das Volk liebte Gott und konnte doch den Glauben an ihn nicht festhalten in den Herzen der Menschen. Und doch blieb es dasselbe Volk. Das Königtum Gottes und die Schatten der Erde, sie sind eins und nur die Gedanken der Menschen trennen uns von Licht und Schatten und ihre Taten führen zu Nähe oder Abstand von Gott. Du musst dich nicht entscheiden, ob du ein guter oder schlechter Mensch bist. Du musst dich zwischen guten und bösen Gedanken und Taten entscheiden. Du hast nicht das Schicksal, verdammt zu sein, ausgestoßen und krank. Es ist die Wahl der Deinen, dich anzunehmen in Krankheit und Leid. Du bleibst immer der gleiche Mensch. Ich war zerrissen, Maria, zwischen Gott und den Menschen. Ich habe gelitten unter den Taten derer, die sich der Religion versprochen oder der Macht über Menschen. Ich habe geweint über das Elend der Zertretenen. Ich sprach vom Frieden und spürte Krieg. Ich berührte einen Menschen, ihn zu heilen, und sah die vielen, die in Blindheit geschlagen blieben. Ich meinte mich entscheiden zu müssen zwischen Gott und den Menschen. Jetzt weiß ich, wir sind alle eins. Es gibt keinen Abstand zwischen Gott und den Menschen. Und doch bleibt er mir ewig fremd. Fremd und eins – gleichermaßen. Ja, oben auf dem Berg, es war im Gebet, da verklärte sich mein ganzes Wesen im Angesicht Gottes. Mose war da und Elija, und unsere Freunde schliefen. Wie immer, wenn es darauf ankam, schliefen sie.

Und ich erkannte, fuhr er fort, es gibt kein Entweder-oder. Es gibt nur ein Sein oder Zaudern. Und erst wer die Harmonie des Lebens in sich findet, die alles in allem ist, das ganze Leben mit all seinen Tiefen und Höhen, wird aufhören, dem nachzujagen, was ihm vermeintlich fehlt. Wer du bist und was du willst, liegt nicht außerhalb deiner Person und Möglichkeit, es liegt nur oft verborgen in deinem Herzen und traut sich nicht hervor aus Angst, zerstört zu werden.

Und also ist auch das Leben eins mit dem Tod und die Auferstehung nur der dritte Tag nach sinnloser Qual und Spott und Leid und sinnlosem Sterben. Weine nicht, Maria, wenn der Abschied kommt. Es ist nur die Nacht vor dem Erwachen. Und gütig redete er in ihr Herz, die sie das Lachen verloren hatte, für einen Augenblick. Und doch spürte sie, wie er, Jesus, glücklich war, denn er hatte gefunden, wonach er so lange gesucht hatte. Er war ein Mensch. Und sie durfte bei ihm sein. Und was auch immer das Leben für sie bereit haben möge, wussten sie beide, dass kein Mensch das Leben eines anderen Menschen vernichten konnte, denn alles Leben lag in der ewigen Hand des Vaters, der keinen Tod kennt. Sie spürten, dass auch das Leid und die Tränen zum Leben gehörten wie Abschied und Neubeginn, aber die Liebe niemals enden würde. Der Segen Gottes lag auch auf ihrer Liebe, das spürte sie.

Und da, Maria, gestern auf dem Berg, als Petrus mich festhalten wollte auf dem Berg und Zelte bauen für Mose und Elija, weil die Freunde nicht wussten, was geschah, kam eine Wolke und überschattete uns und Furcht ergriff sie, die Jünger, während sie in die Wolke eingingen. Und eine Stimme geschah aus der Wolke, die sagte: Das ist mein Sohn, der Auserwählte. Auf ihn hört!

Und das ist, was ich sage. Hört auf die Stimme eurer Herzen. Spürt den Pulsschlag des Vaters in euren Seelen und Gedanken und folgt dem, der uns zu Brüdern und Schwestern schuf, einander beizustehen, zu tanzen und zu heilen, was verwundet ist. Und strahlte sein Gesicht vor Feuer und Liebe. Und Maria bliebe alle Zeit bei ihm.

Die Heilung

Lk 9,37–43

Warum vermochten wir es nicht, fragten die Jünger, ihn, Jesus, am Abend, da er, Jesus, dem Vater den Sohn zurückgab, geheilt nach einem Wort. Warum vermochten wir es nicht? Die Frage wird ihn beschäftigen bis zu dem Tag, da er am Kreuz hing und rief, Vater, warum hast du mich verlassen. Es war die Verlassenheit, in die sie nicht eintauchten, die Jünger. Alles wollten sie schnell. Den schnellen Glauben, das unbedingte Vertrauen, und auch den Platz zu seiner Rechten, wenn er heimkehren würde in das Reich des Vaters. Der schnelle Glaube würde verflogen sein im Augenblick des Verrats. Und sie würden davonlaufen, den Freund verraten im Augenblick der Gefahr. Das unbedingte Vertrauen versagte ihnen im Augenblick, da sie den Boden unter den Füßen verloren hatten und Angst aufkam. Die Freundschaft würde nicht tragen. Und schließlich maßten sie sich den Himmel an, obwohl er sie gelehrt hatte, dass Gott einem jeden den Platz einräumen würde, den er vorgesehen hatte für einen jeden von uns.

Sie sind noch nicht bereit, sagte er leise, als Maria ihn fragend ansah. Sie sehen nur auf die Oberfläche meiner Taten. Sie spüren eine Leichtigkeit, die es nicht gibt. Sie sehen, aber sie verstehen nicht, sie hören, aber sie begreifen nicht. Es gibt kein leichtes Heil und keinen Glauben, der einfach befreit. Dass Menschen heil werden an ihren Seelen, bedarf einer langen, oft angstbeladenen Begegnung in ihren Herzen. Meinst du, mir wäre es leicht, einem Menschen in seine Seele zu blicken. Maria nahm seine Hand, streichelte sie sanft und hörte ihm zu. Er, der doch für alles eine Antwort zu haben schien, bedurfte des Trostes. Jetzt in diesem Augenblick. Es geschieht, indem ich mich hineinwage in Gegenden des Herzens, die selbst die Geschundenen nicht mehr aufsuchen, sprach er. Ich muss hineingelangen an die Wunden der Seele, die alle so gerne umgeben. Oft haben sie dicke Mauern gebaut um ihre Wunden. Und lieber leben sie mit ihrem Schmerz, als dass sie sie noch einmal betrachten wollen. Ich habe so viele Jahre das Leid der Menschen studiert, sagte er, Jesus, bis ich zum ersten Mal wagte, einen Menschen zu berühren. Schon als Kind beobachtete ich die Schreie der Menschen in ihren Seelen. Sie tanzten, doch sie trugen die Tränen mit in die durchtanzten Nächte. Sie sangen Lieder und doch hielten sie den Schmerz gefangen in ihren Armen. Bis sie beschlossen, sich keine Gedanken mehr zu machen darüber, wer sie eigentlich waren. Sie waren nur noch Tagelöhner ihrer vergehenden Zeit. Das sind die Menschen, so viele von ihnen, sie lassen die Zeit verstreichen in der Hoffnung, dass die Zeit sie nicht berühren möge. Und doch, sie können den Tränen nicht ausweichen. Nur dem Glück gehen sie ständig aus dem Weg und warten, dass es anklopfen möge in ihren Häusern und in ihren Herzen. Aber das Glück klopft nicht an. Das Glück will erobert werden, herausgefordert aus den gewohnten Wegen. Das Glück erschließt sich nicht durch reine Bereitschaft, es zu erleben. Es bedarf nur eines Augenblickes. Aber dieser Augenblick will erkämpft sein durch viele Niederlagen. Wer zur Niederlage nicht mehr bereit ist, der kann es nicht mehr finden. Wie oft lag ich am Boden der Liebe, die sich entpuppt hatte als eine große Lüge. Wie oft habe ich einem Glück nachgetrauert, das doch nur Hingabe war oder Eitelkeit. Wie oft habe ich die Liebe verwechseln müssen mit Fürsorge oder Begierde, bis ich sie fand in meinen Träumen zuerst. Da war ich schon alt und die Kraft zu kämpfen war nicht mehr in mir. Und doch ging ich tiefer in die Herzen der Menschen, noch tiefer. Bis ich ihr Elend erkannte in den Untiefen ihrer Verzweiflung und

Angst. Oder in den Gärten ihrer Sehnsucht, die sie verbannt hatten in die Albträume ihrer Nächte.

Wie lange hatten der Vater und der Sohn mit jener Krankheit gekämpft, die hereinbrach in das Leben des Sohnes, ohne zu fragen, ohne Erklärung und ohne ein Verstehen. Es war wie eine Verkrampfung, die den ganzen Körper schüttelte und Schaum brach aus dem Mund und kein Halten gab es. Nicht für den Vater und nicht für den Sohn. Wie oft hatte der Vater versucht, den Sohn zu schützen vor dem Elend, das aus ihm herausbrach. Und wie oft musste der Sohn sich schämen vor dem Vater, dass es ohne Ankündigung geschah und ohne eine Chance zu verhindern, dass beide verletzt wurden an ihren Seelen.

Glaub mir, Maria, ich habe es so oft gesehen, so oft erspürt und weiß Gott so oft mit jenen gelitten, die ihr Leben nicht mehr ertrugen. Hast du ihn deshalb angeschrien, fragte Maria. Ich bin erschrocken, mit welcher Macht du den Abergeist aus ihm heraus befohlen hast. Ich habe die Jünger angeschrien, Maria, nicht den Abergeist. Ich habe sie angeherrscht, dieses verkehrte Geschlecht des Unglaubens. Sie meinen, heilen zu dürfen ohne Mitleid. Sie versuchen sich in Worten des Erbarmens ohne Mitgefühl. Sie meinen, einen Menschen berühren zu dürfen, ohne sich selbst aufs Spiel zu setzen. Meine Jünger sind noch weit entfernt davon zu heilen, was verwundet ist. Siehe, Petrus will Macht, Judas Erfolg, Johannes die Liebe, Matthäus den Neubeginn. Aber keiner will meinen Schmerz teilen. Keiner ist bereit, das Glück des Lebens durch die Fesseln des Todes zu erlangen. Sie kennen den Schmerz noch nicht, der zur Liebe führt, die Sehnsucht nicht, bis sie nicht mehr anders können, als den Ozean der Tränen zu durchqueren. Und sie kennen noch nicht, was wir gefunden haben. Den Schatz der Treue und die Gewissheit der Geborgenheit, die jeden Schmerz zu lindern in der Lage ist. Ich wünschte, meine Jünger könnten lieben. Es wäre mein ganzer Trost. Aber sie folgen dir doch, sprach Maria. Ja, sie folgen mir, weil sie mich verehren. Hast du nicht gehört? Noch immer halten sie mich für einen Propheten, für Johannes oder für Elija oder gar für den Messias. Noch immer begreifen sie nicht, dass sie einem Menschen folgen, nur einem Menschen. Einem Menschen mit seiner eigenen Gebrochenheit und Sehnsucht. Einem Menschen mit seinen eigenen Tränen und Grenzen. Sie begreifen nicht, dass sie das Große nur im Kleinen finden werden. Wie elend werden sie abstürzen in ihre eigene Verzweiflung am Tag des Scheiterns. Sie werden mich sterben sehen und es wird offenbar werden, wie hilflos ich sein werde gegen die rohe Gewalt, die mir begegnen wird. Ich werde keine Wunder tun, wenn meine Hände am Schandpfahl gebunden sind. Gekreuzigt werde ich nicht berühren das Herz eines Menschen. Und weinen werden sie und wehklagen, bis sie begreifen, wie elend ich selbst sein werde am Tage meines Todes. Schon bald, Maria, kommt der Tag des Abschieds. Und meine Träume werden mit mir sterben. Nur, dass sie nicht unberührt waren meine Träume, meine Gedanken und meine Seele, wird mein Trost sein. Wie elend muss das Sterben sein für Menschen, die nie geliebt wurden, sprach er. Ich wünschte, ich könnte es einem jeden Menschen ersparen. Und doch, auch das vermag ich nicht. Es werden Menschen sterben ohne Träume. Es werden Menschen elend zugrunde gehen, ohne dass sie je das Herz eines Menschen gekannt haben. Und es werden meine Jünger sein, die es vertuschen werden durch die Rhetorik des Glaubens. Und da sie nie geliebt haben, werden sie die Verzweiflung der Angst niemals wirklich verstehen. Mag sein, dass sie das Leben der Menschen ordnen können. Heilen werden sie es niemals. Mag sein, dass sie ein wenig Brot verteilen oder Wein. Aber sie vermögen es nicht zu wandeln in das, was Menschen zum Leben brauchen. Sie werden gerecht sein, aber niemals barmherzig. Sie werden Vergebung sprechen, aber keine Umkehr bewirken. Sie werden Lieder des Lobes singen auf einen Gott, den sie immer noch im Himmel wähnen, anstatt sich das Königtum des Himmels auf Erden zu erschließen.

Ja, Maria, erst wenn sie spüren, wie zerbrechlich das Leben ist und wie sterblich und nahe dem Tode wir unser Leben leben, werden sie beginnen, es zu bewahren. Das Glück zarter Aufmerksamkeit, bewahre es dir, Maria, jetzt in deinem Herzen. Und einst wirst du ein Kind der Liebe in deinen Armen halten, dann schenk ihm die Gedanken seines Vaters, der sie in Freiheit sehen wollte. Frei von Angst vor dem Leben. Dann wird es beginnen das Glück und das Leben wird heil.

Das ist es schon, sprach Maria, in deinen Armen. Und wischte ihre Tränen aus den Augen, ihm zu begegnen. Seine Angst zu lindern und den Schmerz.

Das Kind neben dir

Lk 9,43–50

Während aber alle staunten, ob all dem, was er getan, sprach er zu seinen Jüngern: Steckt ihr euch diese Worte in die Ohren – nämlich: Der Menschensohn wird Menschenhänden ausgeliefert werden. Doch verstanden sie dieses Wort nicht; verhüllt war es vor ihnen, sodass sie es nicht zu fassen bekamen. Und sie fürchteten sich, ihn wegen dieses Wortes zu fragen. Wer von ihnen der Größte sei, der Mächtigste und also der Wertschätzung sicher, dem begegnete er, Jesus, heute. Er wandte sich von ihnen ab.

Als Maria ihm das Kind brachte, wurde ihm alles unwichtig. Er lächelte Maria zu. Stellte das Kind auf einen Tisch, sodass es alle überragte, und rief ihm zu. Du bist der Größte unter uns. Dann nahm er es Huckepack und trug es hinaus bis an die Stelle am See, an dem das Ufer den See berührte. Den ganzen Vormittag ließen sie Steine übers Wasser gleiten. Zählten die Sprünge der Steine und erprobten ihr Können. Je flacher der Stein, desto öfter sprangen sie auf. Und sie lachten und die Freude stand in ihren Augen. Es kam nicht darauf an zu siegen. Es kam darauf an, Spaß zu haben. Wie kann er Steine springen lassen, murrten die Seinen. Sieht er nicht, dass es Wichtigeres zu tun gäbe. Aber er ließ sich nicht beirren. Endlos tobten sie am Strand. Begannen zu singen und zu spielen. Sie wollten den Wind fangen und die Strahlen der Sonne. Sie bauten dem Wind ein Haus aus Zweigen und lauschten dem Gesang, als er durch die Wände drang. Sie machten ein Feuer, aber nicht, um darauf zu braten oder zu kochen. Es war ein Feuer um des Feuers willen und ihre Tänze umzingelten die Flammen, bis sie müde am See zusammensanken in großer Freude und erschöpft.

Sie ruhten sich aus, bis der Wind so stark wurde, dass sie Drachen steigen ließen, sich dem Wind hingaben und gemeinsam hielten sie die Schnur, an die der Drachen gebunden war. Als Maria hinzukam, ließ er den Kleinen einen Augenblick allein mit Drachen und Wind und setzte sich zu Maria. Ach, Maria, sorgen können wir uns morgen noch, sprach er. Heute lass uns das Leben genießen. Ich genieße es selbst wie eben jenes Kind die Freiheit zum Spiel. Das nutzfreie Spiel mit den Steinen am See. Die Gesänge und Tänze am Feuer und das Spiel des Drachens am Himmel. Komm, Maria, wir sind noch jung. Sterben können wir morgen noch, aber heute lass uns lachen und spielen. Lass uns bunte Kreise malen und Musik hören. Den Mann mit der Laute oder das Spiel der Flöten. Gott liebt das Spiel, wenn es dich jung hält, und Glück verspricht er in dein Herz bei jedem Lachen. Ist nicht das Leben schwer, fragte Maria, und leidvoll? Wir leben in Unterdrückung und kaum einer hat das Nötigste zum Leben. Schau, wie sie herumlaufen. Menschen mit bettelnden Händen und schmutzigen Gesichtern. Menschen in geliehenen Kleidern und Kinder mit aufgeblähten Bäuchen. Und doch, Maria. Wie wäre das alles zu ertragen, wenn nicht durch die Liebkosung des Windes, der dich umgibt. Lege der Schwere die Leichtigkeit hinzu. Sonst brichst du zusammen unter der Last des Wirklichen. Lass einen Tag für das Spiel. Es ist der Tag für Gott. Und bleibe der Synagoge fern und dem Tempel an diesem Tag. Denn die Schriften sind nicht für Gott und die Feuer des Tempels sind Opferhügel geschlachteter Tiere. Und ihr Geschrei ist das Schreien des nahenden Todes. Lass uns Lieder singen, die vom Leben sprechen, und Drachen bauen und Steine springen über den See. Und lass uns zu Tisch liegen am Tag der Freude. Nur einen Tag in der Woche seien uns die Sorgen fern. Und die Kinder nah. Sollten wir Tag aus, Tag ein arbeiten und uns mühen und hätten die Kinder nicht umarmt, was würden sie uns schenken im Alter außer dem Vorwurf, nie gelebt zu haben. Was kommt zuerst, Maria, einen Armen zu speisen oder ihn zu berühren mit einem Lächeln. Was kommt zuerst, die Sorge des Tages oder der Dank der Umarmung für die traumerfüllte Nacht. Nein, Maria, vor aller Mühe der Dank, vor aller Sorge das Glück und vor aller Last die Laute oder das Lied. Was wiegt schwerer, die Tränen oder der Trost, die Umarmung oder die Ohrfeige. Was ist machtvoller? Der Sturz oder das Aufstehen?

Und Maria verstand, legte ihren Arm um seine Schultern, schloss ihre Augen und lauschte dem Wind, spürte die Strahlen der Sonne und genoss seine Nähe. An was werden sie sich erinnern, wenn sie groß sind, flüsterte sie in sein Ohr. Sie werden sich erinnern an unsere Liebe und Sorge. Aber spüren werden sie jede Umarmung mehr als jedes Stück Brot, das sie aßen. Sie werden so viel lernen, unsere Kleinen, und doch werden sie sich am Ende nur erinnern, ob sie geliebt wurden um ihrer selbst willen. Ob sie frei atmen durften die Luft der Geborgenheit. Und ob sie gespielt haben mit den Erwachsenen bis in die Nächte traumerfüllter Geselligkeit.

Und nahm den Kleinen und stellte ihn neben sich und sprach zu ihnen: Wer dieses Kind auf meinen Namen hin aufnimmt – mich nimmt er auf. Und wer mich aufnimmt – den nimmt er auf, der mich gesandt hat. Denn wer der Kleinste unter euch ist, der ist ein Großer.

Versteht ihr. Am Beginn steht immer das unbeschützte Leben. Am Anfang geht es allein darum, dem Leben Geborgenheit zu schenken und das Brot des Lebens. Am Anfang stehen die Unbefangenheit und die Offenheit zu empfangen. Am Anfang stehen nicht die großen Worte, sondern die kleinen Gesten und der Schrei nach Leben. Ein Schluck Milch, eine warme Decke, die leisen Lieder und der Gesang des Himmels. Wehrlos kommt ein Kind wie ein kleines abhängiges, hilfsbedürftiges Nichts, das atmet und schreit und lacht und weint. Es hat keine Gedanken an Kriege und Macht.

Es kennt keine Religion und nicht die Intrigen der Mächtigen. Es kennt nur die ärmliche Angewiesenheit und will nicht betrogen werden durch das Leben der Erwachsenen. Also bleibt, was ihr wart. Spielt mit den Kindern, nährt ihre Bäuche, schützt ihre Leiber und schenkt Freiheit in ihre Gedanken. Sie sind der Ruf des Lebens nach morgen. Lehrt sie das Leben, aber nicht die Trennung. Lehrt sie die Sprache der Hände, die zarten, aber lasst sie die geballten Fäuste nicht spüren. Und vergesst niemals, wer ihr wart. Ihr wart wie sie, also versucht ihnen gleich zu werden. Seid achtsam, denn sie werden euch alles glauben. Sie werden die Liebe glauben und niemals Verrat in ihr entdecken. Sie werden Zärtlichkeit annehmen und mit keinem Gedanken werden sie wissen, dass man dafür bezahlen muss, jedenfalls wenn man erwachsen geworden und betrogen das Leben zurück weinen möchte in seine Kindertage. Sie werden nicht glauben, dass das Herz zerbrechlich ist, und sie sind so schnell bereit, sich die Tränen aus den Augen waschen zu lassen. Sie wissen noch nicht, wie tief die Narben sein werden, wenn sie erwachsen sind. Sie kennen nur das geschenkte Leben und fürchten sich noch nicht vor jeder Begegnung, die wieder Intrige ist oder ehrliche Zuneigung. Je nach Stand des Mondes. Also werdet wieder wie jene Kinder, die euch das Leben zurückschenken können mit einem Lächeln. Und bleibt in ihrer Nähe jung und lasst euch nicht ein auf ein Leben, das allzu erwachsen daherkommt. Denn dort werdet ihr Ausschau halten nach den vordersten Plätzen und den so beeindruckenden Kleidern der Macht. Lasst euch die Grenzen in eurem Denken rauben von euren Kindern, die die Grenzen niemals akzeptieren werden. Kinder sind grenzenlos in ihrem Drang nach Leben. Sie lassen sich nicht einsperren. Und sperrt ihr sie ein, so habt ihr sie erwachsen. Aber mehr nicht. Johannes aber hob an und sprach: Meister, wir sahen einen, der in deinem Namen Abergeister austreibt, und wir wollten ihm wehren, weil er nicht mit uns zusammen nachfolgt. So sind sie, seufzte er und lächelte Maria an. Siehst du, sie haben nichts verstanden. Es ist doch nicht meine Botschaft allein für mich. Und meine Jünger, sind sie nicht Jünger des Lebens und frei, zu gehen und zu kommen. Ich wollte nie Nachfolge für mich. Sie mögen dem Leben folgen. Sie sollen dem Guten folgen und der Freiheit. Sie mögen die Abergeister austreiben im Namen des Heils, das einem jeden zusteht. Und ein jeder Mensch habe das Recht auf sein eigenes Leben, weil es das seine ist. Wir haben noch einen weiten Weg, Maria. Umarmte sie zart vor ihren Augen, streichelte dem Kind durch sein Haar, küsste es auf die Stirn und sprach zu ihm, dem Johannes: Wehrt nicht! Ja, wer nicht gegen euch ist, der ist für euch.

Auf dem Weg nach Jerusalem

Lk 9,51–62

Es geschah aber: Als sich die Tage seiner Hinaufnahme erfüllten, hielt er das Angesicht fest auf den Weg nach Jerusalem gerichtet. Und er sandte Boten vor seinem Angesicht her. Sie wanderten und kamen in ein Samariterdorf, um für ihn vorzusorgen. Aber man nahm ihn nicht auf, weil sein Angesicht auf den Weg nach Jerusalem gerichtet war. Es ist still geworden um uns, sagte Maria. Sie hielt seine Hand, während sie sacht nebeneinander her gingen. Das waren sie bis heute, zärtlich. Nie aufdringlich, einfach nur zärtlich. Es ist ihr Geheimnis geblieben, aber darin steckt das Geheimnis einer Sprache, die alle Grenzen überschreiten darf, ohne zu verletzen. Verletzte Seelen sollten einander nie anders berühren. Seine Augen brannten. Immer wieder sah er in Richtung Jerusalem. Was ist mit Jerusalem, fragte Maria ihn immer wieder. Und immer wieder war es dieselbe Antwort, die sie nicht hören wollte, nicht hören konnte. Ihr Herz zerbrach bei dem Gedanken, er würde sterben in der Heiligen Stadt. Sie spürte es beim Blick in seine Augen. Noch waren sie voller Liebe, voller Mitleid und voller leidenschaftlicher Nähe zu den Menschen, seinen Jüngern, den Armen und Kleinen, zu Maria, der aus Magdala. Aber die Zuversicht war geschwunden. Seine Augen sahen nicht mehr Zukunft, nur noch Jerusalem, den Ort seines Sterbens, den Ort seines Todes. Auch den Ort des Neubeginns, dessen war er sich sicher. Aber es wird ein Neubeginn werden ohne ihn, das spürte sie. Was sollten sie tun an Orten wie diesen, da seine Botschaft nicht gehört wurde und sie nicht einmal Gastfreundschaft erwarten durften. Kein Nachtlager, keine Wegzehrung, nur kühle Ablehnung. Die Jünger hatten die Antwort. Es war die Antwort, die alle fortan geben würden, die sich den Jüngern in den Weg stellen sollten durch die Jahrhunderte. Feuer fahre vom Himmel herab und verzehre sie. Das war die Antwort der Jünger. Es war die Antwort der ewigen Fanatiker im Namen Gottes, die das Königtum nicht gespürt, seine Zärtlichkeit nicht bemerkt und die sanften Worte immer herausschrien, anstatt sie sanft zu legen in die Herzen der Menschen wie Samenkörner in die Erde. Sie wollten mit Macht durchsetzen, was er mit Liebe nicht erreichen konnte. Es wird sein, wie es immer war, sprach er leise zu Maria, bevor er Antwort gab. Es wird sein, erst sind sie begeistert und spüren den Neubeginn. Erst sind sie fasziniert von der Idee eines Friedens, der allen Menschen gilt, bis sie spüren, dass der Friede einen Preis hat. Es gibt keinen Platz für den Kampf der Religionen im Reich der Himmel, nur sanften Schutz und die Kälte der Nacht. Es gibt nur den Hunger und zarte Berührung. Jerusalem wird untergehen, sprach er, immer wieder wird Jerusalem am Kampf der Religionen scheitern. Weil sie meinen, Wahrheit besitzen zu können, sagte Maria. Und schützen wollen sie eine Religion, die die Menschen längst aufgegeben hat. Übrig bleiben die Demütigen und Schwachen und die Fanatiker. Alle anderen werden sich abwenden von jeder Religion. Am Ende bleibt ein leerer Tempel. Nur in den Synagogen wird weiter debattiert werden, als wären die Propheten nie unter uns gewesen und der Sohn. Sie hielten an auf ihrem Weg. Die Jünger waren weit. Es war, als blieben am Ende nur er, Jesus, und Maria, die sich ohne ein Wort zu wechseln verstanden. Sie nahm einen Teil ihres Gewandes aus Leinen, tauchte es in Wasser und wischte ihm den Schweiß von seiner Stirn, benetzte seine entzündeten Augen und fuhr ihm mit dem Stück Leinen durch den Nacken. Er sah auf, betrachtete den Himmel, spürte ihre zarte Berührung und sah ihr in die Augen. Wir haben keine Kinder, sprach er mit Wehmut. Wir haben alle Kinder, sprach Maria. Sie schwiegen. Ich frage mich, Maria, sprach er, ob die Blinden, die ihr Aufblicken wieder gefunden hatten, wieder blind werden. Ich frage mich, ob die Lahmen noch immer gehen und die Tauben hören. Meinst du, die Verdorrten spüren noch Leben? War es richtig, sie alle berührt zu haben? Ist Hoffnung nur der Augenblick kurz vor dem Sterben? Zweifelte er, dachte Maria, und hielt seine Hand noch fester.

Und während sie des Weges wanderten, sprach einer zu ihm: Ich will dir folgen, wohin du auch gehst. Jesus aber sprach zu ihm: Die Füchse haben Höhlen und die Vögel des Himmels Nester, der Menschensohn aber hat nichts, wo er den Kopf hinbetten könnte.

Du hast meine Hand, sprach Maria. Ist dir meine Liebe nicht genug? Sie war traurig. Sie spürte seine zarte Hand in ihren Haaren, spürte, wie seine Kraft auf sie überging. Es war die Kraft der Nähe, die sie immer bei ihm spürte. Es war die zärtliche Kraft seiner Hände, die sie mit geschlossenen Augen von jedem anderen unterscheiden würde. Nicht für immer. Aber in Ewigkeit. Erst wenn alle Menschen spüren, wie wir spüren, sprach er, wird endlich Friede sein, sprach er sanft. Küsste zart ihre Stirn und sah hinüber. Irgendwo dort liegt Jerusalem, sprach er. Erst wenn sie einen Gott anbeten, Maria, wird Friede sein. Vorher nicht. Ich habe den Jüngern nicht erlaubt, Feuer fahren zu lassen vom Himmel herab. Sie sollen endlich aufhören, nach Autoritäten zu fragen, die ihnen erlauben, Hass zu setzen und den Tod. Von mir werden sie keine Erlaubnis bekommen, die Erde in Brand zu stecken und Menschen zu morden. Von mir nicht und von keinem Gott. Sie wollen gehorsam sein. Aber nur wenn sie kämpfen können. Blind folgen sie den Flügeln des Todes, bis sie selbst begraben liegen oder auf den Schlachtfeldern einer Geschichte, die nur den Tod anbetet. Ich kenne diese Menschen nicht. Befiehlt man ihnen, Wein zu trinken, dann trinken sie Wein. Befiehlt man ihnen, Brote zu verteilen, dann verteilen sie Brot. Befiehlt man ihnen, Menschen zu steinigen oder in Flammen aufgehen zu lassen, dann morden sie, als gäbe es kein Morgen mehr. Spüren sie weder Nähe noch Furcht? Haben sie nur noch ihre Angst, die sie treibt, aber kein Spüren mehr in ihrem Herzen. Ich kann nicht das Gewissen der Menschen sein, Maria. Ich kann nur heilen, was verwundet ist, weil mein Gewissen es mir sagt. Haben sie kein eigenes Gewissen. Solange ich Leben in mir spüre, werde ich dich beschützen. Solange noch ein Tropfen Blut fließt in meinen Adern, werde ich Menschen berühren.

Herr, willst du, so sprachen sie. Maria, schrei ihnen entgegen: Der Herr will nicht!

Zu einem anderen sprach er: Folge mir! Der aber sprach: Herr, erlaube mir, dass ich zuerst weggehe, meinen Vater zu begraben. Doch er sprach zu ihm: Den Toten überlass es, ihre Toten zu begraben. Noch ein anderer sprach: Ich will dir folgen, Herr! Doch erst erlaube mir, dass ich mich von denen zu Hause verabschiede. Jesus aber sprach zu ihm: Keiner, der die Hand an den Pflug gelegt hat und rückwärts blickt, ist tauglich für das Königtum Gottes.

Warum so hart, Jesus, fragte Maria mit zitternder Stimme. Lange schwieg er. Er hatte sich hingesetzt am Rande des Weges. Ein Feigenbaum spendete Schatten. Sie setzte sich zu ihm. Sie wollen mir folgen und können das Alte doch nicht loslassen. Sie bleiben gefangen in ihrem Abschied und sind nicht bereit, den Schmerz der Trennung zu durchleben. Ja, sie wollen folgen ohne den Schmerz. Sie suchen Neues und wollen es finden ohne Leid. Es gibt keine Zukunft ohne Tränen, Maria. Und keine Berührung ohne Verletzung. Jede neue Berührung setzt die Erinnerung frei an den Schmerz der Vergangenheit. Doch wenn dich der Schmerz gefangen hält, wie sollen sie mir folgen in das Reich, das die Schmerzen wandeln will in neues Leben. Gewandeltes Leben kennt das Begräbnis nicht und die Tränen der Vergangenheit. Nur getröstete

Menschen finden einen neuen Weg, finden sich selbst wieder auferstanden aus den Gräbern ihrer Trauer. Wer auf den Feldern Galiläas zurückschaut, wird keine Zukunft finden. Er findet nur die zerklüfteten, krummen Furchen einer gestorbenen Vergangenheit. Ich aber, sprach er, führe dich durch die Schwelle des Todes hinein ins Paradies des Herzens. Aber musst du dazu sterben, fragte Maria unter Tränen. Nein, Maria. Ich muss nicht sterben, um glücklich zu sein, und ganz bei dir. Aber wir werden Menschen finden in Jerusalem, die werden das Glück nicht ertragen, ohne gemordet zu haben. Sprach es und ging weiter. Maria folgte ihm.

Ausgesandt

Lk 10,1–24

Sie dürfen die Menschen nicht verändern wollen, sprach Jesus zu Maria, als er die Zweiundsiebzig ausgesandt hatte. Ob sie es verstanden haben, fragte Maria, und sah ihnen nach, die immer zu zweit, wie Zeugen einer neuen Welt, auszogen in eine Welt der Wölfe. Wie Lämmer, hatte er gesagt. Doch so fühlten sie sich nicht, nicht alle. Sie fühlten sich erinnert an die Zweiundsiebzig des Mose. Einst waren sie ausgesandt, das Gesetz zu verwalten. Richter waren sie und oberste Verwalter einer Macht, die das Land eroberten im Namen eines Gesetzes, das allein in Stein gehauen war und nicht in die Herzen der Menschen geschrieben. Sie waren die Stimme des Mose, waren Hüter seiner Weisungen. Gesetz wurde zum Urteil über Völker, die sich dem Diktat des Guten nicht unterwerfen wollten. So ändern sich Länder, Maria, aber keine Menschen, sagte er, Jesus, als sie ihnen nachschauten, die hinauszogen in eine Welt, die war, wie sie geworden war unter dem Gesetz. Sie dürfen die Menschen nicht verändern wollen, wiederholte er leise, nahm Maria in den Arm und wurde still. Maria spürte es als erste. Menschen ändern sich, weil sie sein dürfen, wie sie sind. Menschen entscheiden sich nicht zum Gutsein. Menschen werden gut, weil sie sein dürfen und werden. Es gibt kein Müssen und Sollen im Königtum Gottes. Nur ein Werden, Trost und Vergebung. Ich kann keinem Menschen die Mauern seiner Seele erstürmen. Ich darf keinen Menschen in die Fesseln der Freiheit zwingen wollen. Ist es ein Gott der Freiheit, so lässt er auch das Gefangensein zu. Lässt er nicht seine Sonne scheinen über Gerechte und Ungerechte. Wer mag dann richten über das Leben eines Menschen. Lämmer gegen

Wölfe. Wenn es zum Krieg kommt, werden immer die Wölfe siegen. Denn die Wölfe handeln nach dem Gesetz des Stärkeren. Ihr aber, sprach er ihnen nach, die seine Stimmer längst nicht mehr hören konnten, ihr aber handelt nach dem Gesetz der Friedfertigkeit. Bleibt, wo man euch aufnimmt. Esst, was euch vorgesetzt wird. Macht die Kranken daselbst heil und sagt ihnen: Genaht hat sich euch das Königtum Gottes. Wie aber werden die Wölfe auf ihre Gier zu vernichten verzichten, fragte Maria. Nur indem sie sich berühren lassen von der Wehrlosigkeit der Lämmer. Wie viele wirst du opfern, weinte sie. Schaute ihn an und sah in seinen Augen, dass es keinen anderen Weg für ihn geben wird.

Hab ich dich je gebeten, eine andere zu sein als die, die du bist. Auch die du geworden bist in all der Zeit, fragte er, Jesus, Maria, die aus Magdala. Niemals solltest du jemand anders sein. Meine Liebe galt immer dir. Niemals meinem Wollen und Verstehen. Sie galt dir, als du weinend vor mir standst in aller Verzweiflung. Sie galt dir in deinem Fortgehen und deinem Dasein. Du bist der Liebe wert in jedem Augenblick deiner Existenz. Meine Berührungen waren niemals Verlangen und meine Zärtlichkeit niemals Begierde. Sie waren stets die Sprache einer Liebe, die dich anschaut über alle Mauern hinweg. Sie lassen dich spüren eine Welt der Treue, die du niemals zuvor gespürt hast, und eine Zärtlichkeit, die keine Bedingungen kennt. Dein Leben hat sich gewandelt, nicht weil ein Wollen und Sollen es von dir verlangt hätten. Es war die Anwesenheit der berührten Zeit, die dich heilen ließ. Du hast sie bewirkt, sprach Maria, lächelte ihn an und schaute doch den Zweiundsiebzig nach. Weil du da warst und bist, wie du bist, sprach sie, konnte ich sein, die ich war, vor langer Zeit. So ist das Maria, sprach er. Menschen ändern sich nicht, weil sie sich ändern müssten. Menschen werden verändert, weil sie sein dürfen, die sie geworden sind. Aber niemals festgelegt sind, zu den Wölfen zu gehören. Kein Mensch ist unter dem Gesetz geboren. Wir sind geboren unter der Liebe eines Gottes, der es regnen lässt über Gerechte und Ungerechte. Ich kann doch nur eine Sehnsucht berühren, wenn sie in dir noch nicht gestorben ist. Und dein Herz erweichen, solange es noch nicht zu Stein wurde unter der Last des Lebens, das dir niemals Schicksal war, sondern immer die Erfüllung der Erwartung anderer. Oder Verletzung deiner Seele in der Nacht der Wölfe.

Und rief ihnen nach, die am Horizont verschwanden, den Zweiundsiebzig. Wenn ihr aber in eine Stadt kommt und sie euch nicht aufnehmen, so geht auf ihre Straßen hinaus, sprecht: Sogar den Staub eurer Stadt, der an unseren Füßen klebt, wischen wir euch hin. Ich sage euch: Sodom wird es an jenem Tag erträglicher gehen als jener Stadt. Wird es so kommen, fragte Maria. Es ist so gekommen, sprach er, Jesus. Denn auch ich kam in meine Stadt und die Meinen nahmen mich nicht auf. Ich konnte in meiner Heimat niemanden berühren. Und keiner wurde unter meinen Worten heil. Menschen müssen das Heil auch erwarten von Menschen, die sie zu kennen meinen. Hinter jedem Mensch steckt ein Mensch, den du nicht erahnst, solange du ihn siehst im Spiegel deiner Gesetze. Du bist zu jung, zu hübsch, zu gerecht, zu weise, zu mächtig, zu unwürdig, zu weit weg, zu hoch, zu niedrig. Du bist immer der Grund, niemals sein zu dürfen, der du bist. Solange das so ist, bleibt die Welt, was sie immer war. Eine Welt ohne Gott. Gott ist überraschend zärtlicher, als er sein darf in den Gedanken der Gerechten. Barmherziger, als es in den Gesetzen steht, und milder. In Gottes zärtlichen Händen berührt er deine Wunden ohne Vorwurf, und heilt deine Gedanken von aller Schuld, noch bevor sie zur Sünde werden kann, zur Sünde eines nicht gelebten Lebens. Denn das allein kann Gott nicht verändern: dein nicht gelebtes Leben. Also lebe! Aber versuche keinen Menschen zu verändern. Es ist sein Leben. Du darfst das Deine hinzugeben, aber nicht, um das

Leben eines anderen Menschen mit deinen Enttäuschungen zu betrügen oder deiner Lust.

Was wird aus ihnen werden, den Zweiundsiebzig, sprach Maria, als sie am Horizont verschwunden waren. Sie werden wiederkommen und ich bete, dass sie kommen werden ohne Stolz. Denn ich gab ihnen Vollmacht, auf Schlangen und Skorpione zu treten. Möge Gott jedem vergeben, dem es dabei an Macht gelüstet, über Menschen zu herrschen. Und wieder würde die Liebe zum Gesetz und der Kampf würde enden, wie alles endet, was die Liebe verliert, wenn sie zum Gesetz wird. Möge im Herzen wach bleiben, was ich ihnen sprach in der Nacht, bevor sie aufbrachen. Wer euch hört, hört mich. Und wer euch ablehnt, lehnt mich ab. Wer aber mich ablehnt, lehnt den ab, der mich gesandt hat. Dann mögen sie einfach sein, Menschen mit zärtlichen Gedanken und sanften Tränen, sprach Maria. Menschen, die ihre Hände zum Zeichen der Versöhnung legen auf das Haupt eines Menschen und ihn streicheln in seinem Elend und in seinem Glück. Und die Hände mögen wirken, was sie sollen. Wandlung zum Guten, weil du in ihnen anwesend bist. Denn entweder reicht die Anwesenheit eines Menschen aus, einen Menschen zu heilen, oder es wird immer nur äußerlich bleiben. Was wir die Liebe nennen, bliebe Erfüllung eines Gesetzes, aber niemals Erlösung. Aber erlöst mögen sie sein unter einem Wort der Vergebung mehr als unter dem Gesetz des Guten. Und Entscheidung bringt keine Heilung. Nur die gespürte Hand auf deiner verwundeten Seele lässt dich den Fluch beenden, der auf uns liegt. Weil wir ständig vollbringen wollen, was wir doch nur empfangen können, zerbrechen unsere Träume zum Buchstaben der Gesetze, für die sie geschaffen sind. Hoffentlich begreifen sie, dass sie Menschen sein dürfen, die empfinden, wie ich mich empfunden habe, sprach er, Jesus, als er sie kommen sah aus allen Orten und allen Zeiten, wie sie sich scharten um ihn, der immer war und immer sein wird. Er, Jesus, der Sohn. In eben dieser Stunde jubelte er im Heiligen Geist und sprach: Hochpreise ich dich, Vater, Herr des Himmels und der Erde, dass du dieses vor Weisen und Klugen verborgen, Unmündigen aber enthüllt hast. Ja, Vater, so hat es Gefallen gefunden vor dir. Alles ist mir von meinem Vater übergeben. Und keiner kennt, wer der Sohn ist, denn der Vater – und keiner, wer der Vater ist, denn der Sohn, und je wem der Sohn es mag enthüllen. Und zu den Jüngern gewandt – abseits – sprach er. Selig die Augen, die erblicken, was ihr erblickt. Denn ich sage euch: Viele Propheten und Könige begehren zu sehen, was ihr erblickt – und sie sahen es nicht. Und zu hören, was ihr hört – und sie hörten es nicht.

Und schmunzelte zart, Maria, die aus Magdala. Ich habe es nicht allein gesehen oder gehört. Ich habe es gespürt. Und daran werdet ihr sie erkennen, die Zweiundsiebzig, mitten unter euch, sprach er, Jesus. Ob sie zu spüren sind, mild, und wenn sie heilsam sind, wovon ich träume, mitleidig zart. Und in ihren Tränen treu.

Tu es, und du wirst leben

Lk 10,25–37

Du musst lernen, ohne Grenzen zu glauben, Maria, sprach er, Jesus, bevor sie weiterzogen zum Haus der Marta und ihrer Schwester, die Maria gerufen wurde. Ist das die Lehre, die du verbreiten willst, fragte Maria. Es war Abend geworden. Die Gesetzeslehrer, die ihn auf die Probe stellen wollten, waren längst gegangen. Und auch die Jünger schliefen schon, als Maria, die aus Magdala, sich zu Jesus setzte. Alle wollen dich gut machen mit ihren Lehren. Das will ich nicht, Maria, sprach Jesus. Ich möchte dir keine Regeln geben, keine Lehre und auch kein Gesetz. Das Königreich Gottes kennt keine Religion. Zumindest nicht, wenn man sie falsch versteht. Solange du meinst, deinen Gott wählen zu können und glaubst ihm zu dienen, wird Zwietracht herrschen unter den Menschen. Sie werden versuchen, gerecht zu sein. Doch wem werden sie gerecht? Doch nur ihrer eigenen Vorstellung über einen Gottesgedanken, den sie sich selbst erdachten, um Heimat zu finden in der Bedeutungslosigkeit ihres Daseins. Einen Gottesgedanken, den sie aus sich heraus nicht zu begreifen in der Lage sind. Ist Gott gerecht, dann wird er in Lohn und Strafe dein Gott sein. Du wirst seine Gesetze befolgen, die Menschen sich erdacht haben, um ihm nahe zu sein. Wie viele Götter kann es geben, Maria, sprach er, Jesus. Meinst du im Ernst, wir würden beten zu dem einen Gott und alle anderen Völker wären im Irrtum? So arrogant dürfen wir nicht sein. Es darf keinen Himmel der Götter geben. Sonst würde sich der Himmel nicht unterscheiden von der Erde. Doch das Königreich Gottes ist nicht von dieser Welt und darf sich nicht einfach ins Unendliche erheben und irdisch spiegeln ins Jenseits, was uns gerecht erscheint. Gott ist nicht einfach nur gerecht. Sonst müsste er Recht sprechen, wenn die Zeit gekommen ist. Er würde sammeln und verstoßen. Er würde belobigen und strafen. Und jedes Gesetz wäre erschaffen, um ihn milde zu stimmen angesichts unserer Unzulänglichkeit. Und wieder wäre es die Angst, die uns zum Glauben zwingt. Denn nur die Einhaltung der Gesetze lässt dich selber gerecht erscheinen vor Gottes Angesicht. An welchen Gott möchtest du glauben, Maria. Ich glaube an keinen Gott der selbstgemachten Religionen mehr. Religion muss Geschenk Gottes sein wie sein Reich, sonst mag er heißen, wie er will. Ich suche ihn nicht im Tempel und ich versuche ihn nicht gnädig zu stimmen durch das Einhalten der Gesetze. Religionen, wenn sie Erfindungen der Menschen sind, um im Namen Gottes Macht auszuüben über Menschen oder sie in eine Moral zu zwingen, für die wir aus uns selbst heraus unfähig erscheinen, solche Religionen lehne ich ab. Im besten Fall will Religion mein Gutsein bewahren. Aber kann man etwas Gutes bewahren, indem man das Schlechtsein des anderen behauptet? Oder die Sünde kreiert, um dein Gewissen gefangen zu halten im Banne der Gesetze. Religion setzt Grenzen zwischen Menschen und Kulturen und wird immer strafen und verstoßen. Im schlimmsten Fall wird Religion zum Grund für Krieg und Elend der Menschen. Wir müssen nicht leben, um Gott zu gefallen. Denn er hat uns geschaffen. Warum sollten wir verbessern wollen und in Schranken weisen, was er für gut und frei erklärte? Hast du gespürt, wie jener Gesetzeslehrer, der heute bei mir war, unsicher war, als er fragte, wie er unendliches Leben erben könne. Wie verhaftet war er in dem Glauben, wir Menschen könnten uns den Himmel erkaufen durch die Erfüllung der Gesetze. Denn deinen Gott zu lieben aus ganzem Herzen und mit deinem ganzen Leben und mit deiner ganzen Stärke und mit deinen ganzen Sinnen, das wusste er schon. Doch noch meinte er, er könne glauben in den

Grenzen seiner Religion. Dann würde ihn sein Glaube näher bringen zu Gott, als es einem anderen Menschen möglich wäre. Ja, er würde auch seinen Nächsten lieben. Aber wer wird das sein? Es wird sein der Nächste, der ihm am nächsten ist im Glauben. Und wieder wäre es der Beginn von Zwietracht und Trennung. Und niemals möchte ich denen glauben, die Mauern aufbauen zwischen Menschen. Gott zu lieben, ist mehr als Verstehen und Befolgen. Gott ist größer, als dass ihn menschliche Gesetze beschreiben könnten. Und so breite sich aus das Geschenk des Königtums Gottes, das alle von Menschenhand gemachte Religion übersteigt. An Gott zu glauben muss heißen, die Einheit zu spüren zwischen Himmel und Erde und die Ferne zuzulassen. Den Nächsten zu entdecken gelingt dir nur, indem du dich selber zulässt und findest. Und du wirst in Einheit finden ein Leben in Freude und Schmerz, Glück und Verlorenheit. Heimat und Heimatlosigkeit wird zur Frage nach deinem Herzen, das angenommen oder zerstreut ist. Und Ruhe findest du erst, wenn du spürst, dass dein Ankommen Begnadigung aus der Verlorenheit bedeutet. Gott muss schon überall sein, noch bevor deine Suche beginnt. Denn Gott ist nicht zu finden wie ein Schatz im Himmel. Gott ist der Grund deines Lebens und in ihm werden der Schmerz und die Tränen zur Einheit mit Freude und Lachen gleichermaßen. Erst wenn alle Gedanken eins werden und es keine Grenzen mehr gibt zwischen deinem Herzen und deinem Verstehen und dein Reden den Abstand nicht kennt zu deinen Gedanken; erst wenn deine Liebe weinen kann und du dich dennoch geborgen fühlst auch in deinen Wüsten; erst wenn dir deine Kleinheit keine Angst mehr bereitet, sondern dich sehnsüchtig hinwenden lässt an das kleinste Staubkorn der Wüste und dein Lied beginnt mit den Worten: Ja, auch das hast du geschaffen, das Staubkorn der Wüste wie mich, der sich elend fühlt im Augenblick des Sterbens dennoch emporsteigt zu den Himmeln und eins wird mit dir, dem Gedanken, der alles trägt, dann erst wirst du begreifen, wie groß Gott ist und wie nahe dir der Nächste wird in deinem Herzen, dass als erstes du selbst sein darfst vor allem anderen und geliebt, dann erst wirst du selbst zur Liebe für andere. Und Gottes Liebe wird dir zum Atem, der dich leben lässt. Zum lebendigen Wasser, das dich reinhält und gut. Er wird zum Himmel über dir und lässt sein Sternenzelt leuchten gegen alle Nacht. Wenn er dir alles in allem ist und du dir zum Glück wirst, dann wirf dich in die Arme eines Menschen. Versuche nicht, Gesetze zu halten. Suche die Menschen an den Straßen ihrer Verletztheit. Wein und Salböl werde deine Religion, zu heilen, was verwundet ist. Heile die Wunden der Geschlagenen. Und gehe dem Verlorenen nach. Suche zu begnadigen den, der unter dem Gesetz zusammengebrochen ist. Das allein soll deine Religion sein. Lebe in Einheit mit dem Vater, der alles erschaffen hat. Liebe dein Dasein und lass deinen Glauben sich allein messen an der Not der Menschen, die den Glauben verloren haben und sich flüchteten in eine Religion der Trennung.

Und er sprach folgendes Gleichnis. Ein Mensch ging von Jerusalem nach Jericho hinunter und fiel unter eine Räuberbande. Die zogen ihn aus, schlugen ihn wund, machten sich davon und ließen ihn halbtot liegen. Zufällig ging ein Priester auf jenem Weg hinunter, sah ihn an und ging vorüber. Desgleichen auch ein Levit. Der kam an den Ort, auch er sah ihn an und ging vorüber. Ein Samariter, der unterwegs war, kam ebenda hin, sah ihn an, und es ward ihm weh ums Herz.

Vertrauend lächelte Maria Jesus an. Schmiegte sich in seine Arme und lauschte seinen Worten, die ihr so vertraut waren, als wäre er immer schon an ihrer Seite. Sie schloss die Augen, als er sprach. Nie wieder würde sie sich knechten lassen unter das Gesetz einer Religion, die Wunden zu heilen verbieten würde im Namen

Gottes oder irgendeines Gesetzes Willen. Das spürte sie mehr und mehr. In seinen Armen fühlte sie sich geborgen.

Er trat hinzu, sprach er, Jesus, verband seine Wunden und goss Öl und Wein darauf. Dann setzte er ihn auf sein Reittier, brachte ihn zum Wirtshaus und versorgte ihn. Am anderen Morgen zog er zwei Denare heraus, gab sie dem Wirt und sprach: Versorg ihn, und was du etwa dazuhin aufwendest – ich gebe es dir zurück, wenn ich wieder herkomme.

Es darf keine Menschenliebe fehlen, nur weil eine Gottesliebe es dir verbietet, sprach er, Jesus. Sie werden dich ausliefern und kreuzigen für deine Gedanken, sprach Maria. Sie lag in seinen Armen und weinte bitter. Sie spürte, wie sich das Volk auflehnen wird im Namen ihrer Priester, die einen Gott verteidigen werden, der jenen sterbend am Wegesrand liegen sah und seinen Priestern und Leviten verbot, seine Wunden zu salben mit Öl und Wein.

Nein, Maria, nicht wegen meiner Gedanken. Sie werden mich umbringen, weil ich grenzenlos liebe. So wie mein Vater es tut, den sie nicht anbeten, weil sie ihn nicht besitzen können. Und nur unsere Liebe wird bleiben, Maria, weil sie der beste Teil seiner Liebe ist. Und streichelte sie sanft in den Schlaf. Morgen schon würden sie sich aufmachen zu Marta und ihrer Schwester, die Maria gerufen wurde.

Man braucht nur eines

Lk 10,38–42

Du warst unhöflich, sagte Maria, als sie Marta und Maria, die Schwester der Marta, wieder verlassen hatten. Ich war direkt, Maria, aber nicht unhöflich. Manche Menschen wachen erst auf, wenn man sie mit dem Kopf auf ihr Herz stößt. Manchmal unsanft, damit sie es in ihren Kopf bekommen, schmunzelte er. Sie gingen schweigend nebeneinander auf dem Weg nach Jerusalem hinunter ins Tal, bevor der große Berg kam, den sie erklimmen wollten, um Jerusalem zu sehen, noch bevor es sich entscheiden sollte.

Was hat sie denn falsch gemacht, wollte Maria wissen. War es nicht das Gebot der Gastfreundschaft, dass sie für deine Bequemlichkeit sorgen wollte? Und entspricht es nicht der Eitelkeit der Männer, sich umsorgt zu wissen, lächelte sie ihn, Jesus, von der Seite an, so als wollte sie ihn herausfordern. Ja, Maria, sprach er, Jesus, Marta wollte alles richtig machen, doch im Grunde machte sie alles falsch. Sie hatte den Wunsch, bei mir zu sein, doch im Grunde geriet ihr alles zur Erfüllung ihrer Pflicht. Alles war bereitet. Das Haus, das Essen, die Kleidung, alles. Und doch war ihr Herz nicht bereit. Es raste von einer Verantwortung zur anderen. Von einer Hast in die nächste. Von einer Nüchternheit zur anderen. Und unglücklich war sie und forderte mich auf, sie zu entlasten. Hast du bemerkt, wie sie versuchte, mich zum Richter zu erheben über ihre Schwester? Herr, kümmert es dich nicht, dass meine Schwester mich allein dienen lässt? Ich kam als Freund und sollte Herr sein. Ich kam, mich einzulassen auf sie, und sie wollte dienen. Sie sollte Ruhe finden und konnte es nicht. Nicht wenn ein Herr im Haus ist. Solange du dienen möchtest, wirst du keinen Schutz finden für deine Seele. Solange du eine Erlaubnis brauchst zu rasten inmitten des Tuns, wirst du immer der Ruhe hinterherhetzen, ohne sie zu erlangen. Und so wird es bleiben. Du wirst den Herren dienen wollen, weil du zu leben nicht gelernt hast, um für dich und dein Herz zu sorgen. Was nützen dir alle Richtigkeiten, wenn sie dich im Grunde zur Eifersucht treiben oder dir die Kräfte rauben. Ich wollte gemeinsam mit ihr eintauchen und gemeinsam mich versenken in eine Stille, die jedes Tun überschreitet. Genieße das Schweigen und beginne zu spüren, Maria, das ist der bessere Teil. Du musst nichts tun. Nicht als erstes. Nicht als Vorleistung eines Lebens, das dir später gewährt wird. Du brauchst dir den Schutz für dein Herz nicht zu verdienen und die Zärtlichkeit nicht erkaufen. Sie wird dir als erstes geschenkt, noch bevor du es verdienst. Das Leben ist am Anfang nicht das Kümmern. Es ist die Annahme deiner selbst, deren Verweigerung dich klein macht. Und so möchtest du Anerkennung finden in den Äußerlichkeiten einer genauen Welt. Aber die Welt ist nicht durch Sauberhalten zu reinigen. Sie wird glanzvoll erscheinen in ihrem Staub, wenn du sie zu streicheln beginnst in ihrer Unvollkommenheit. Versuche hastiges Tun zu ersetzen durch ruhiges Verweilen und der Staub der Wüste ordnet sich zu einer blühenden Landschaft des Lebens. Die Wüste lebt nicht, sprach Maria, sie ist öde, kalt und staubig, hart und grausam, Hitze und Kälte graben sich dir ins Gesicht und erstarren dein Leben. Du irrst, Maria, sprach er, Jesus. Die Wüste mag dir erscheinen wie eine erstorbene Welt. Und doch hat sie gelernt zu überleben. Es gibt Blumen in der Wüste, Tau im Morgengrauen. Leben in den Oasen des Staubes und Rettung für die Ertrinkenden. Denn auch das ist die Wüste. Ein reißender Fluss und Nahrung für viele, die nicht satt werden vom harten Los der Gerechtigkeit. Wüste ist mehr als erstorbenes Leben für jene, die sich erweichen lassen von den Tränen hart gewordenen Lebens. Aber versuche die Wüste nicht zu waschen vom Staub der Vergangenheit. Es wird dir nicht gelingen. Wer sich in der Wüste klein glaubt, wird hinweggeschwemmt von den Wassern, die aus den Bergen kommen. Lerne in der größten Hitze nichts zu tun. Nur so wirst du überleben. Versuche keinen Brunnen zu graben, solange dir jemand neben dir Wasser reicht. Wer die Wüste allein durchquert, wird unweigerlich sterben, Maria.

Und die Wüste ist das Leben, nicht wahr, Jesus, fragte Maria. Und schweigend gingen sie weiter. Wirst du mich beten lehren, fragte sie. Erst wirst du Vertrauen spüren lernen, Maria, sprach er, Jesus. Dann werde ich dich beten lehren. Aber vor dem Beten steht das Vertrauen. Liegt nicht im Verweilen Zuwendung, sprach er, Jesus. Erst wirst du dich hingeben, Maria, dann erst wirst du begreifen und viel später wirst du beten. Erst musst du leben, Maria, erst später folgt der Glaube, viel später. Aber die Hingabe macht mich verletzlich, sagte sie leise. Wer sagt mir, dass mir das Leben nicht den Dolch in mein Herz rammt, gerade wenn ich mich zu öffnen bereit finde. Die Gefahr besteht, Maria. Und doch wirst du das Leben nicht geschützt finden und die sich bewaffnen oder starke Mauern bauen, kerkern sich ein. Im Grunde schützen Mauern nicht, sie schließen ein und im Schatten der Mauern wächst kein Leben. Du magst überleben in den Mauern, aber das Leben zu spüren geht nur in der Gefahr, auch verletzt zu werden. Aber ich kann mich nicht selbst schützen, sagte Maria, und wurde immer stiller. Ich kann mich nicht öffnen nur im Vertrauen darauf, dass diese Welt es gut meint mit mir. Die Welt meint es niemals gut mit dir, sprach er, Jesus, blieb stehen und nahm sie zart in seine Arme. Die Welt wird sich immer bewaffnen und bekämpft jedes Herz. Die Kälte dieser Welt wird immer versuchen, dein Herz zu unterdrücken. Du musst Sklave sein dieser Welt und wirst ihr dienen als Herr oder Knecht, solange du nicht Freundschaft lernst im tosenden Kampf der Welten und Vertrauen. Sag mir, Maria, wann fand deine Seele Frieden und war es auch nur ein Augenblick. Denn es sind die Augenblicke, die das Vertrauen erwachen lassen. Sie schwiegen.

Es waren seine Augen. Die Art, wie er Menschen anschaute. In ihren zerbrochenen Seelen sah er die Blindheit, die zu berühren sie ihm erlaubten. Es waren die geschundenen, verdorrten Hände, die in seinen Händen wieder Leben fanden. Die gebeugten Rücken, die er aufrichtete, mit einer zarten Berührung den lahmen Beinen wieder Kraft gab, auf eigenen Füßen zu stehen. Er sah die Armut an und sie wurden reich allein durch seine Gegenwart. Die Trauernden zu trösten, genügte ihm ein Wort sanfter Berührung. Es waren die Hungernden, die satt wurden im Augenblick geteilter Unzulänglichkeit. Und Lachen war in seinen Augen, noch während er weinte, geschahen diese Wunder. Im Fluch und Hass war er bereit, die Mauern zu verlassen, und achtete auf jeden Halm, ihn nicht zu brechen. So gingen sie dahin, schweigend. Vielleicht würde er sie noch ein einziges Mal umarmen, dachte sie, während sie neben ihm ging. Ich würde meine Augen schließen und jede Berührung genießen. Er würde nichts verlangen von ihr. Nur ihre sich öffnende Gegenwart war notwendig, um zu versinken hinein in ein Leben, das kein Traum sein wollte. Sie nahm seine Hand, die ihr so vertraut war seit Jahren schon, und spürte, wie sanft sie sein wollte in diesem Augenblick. Es war die Zeit des Abschieds. Auch das spürte sie. Er sprach kein einziges Wort. Als sie im Tal angekommen waren und den Berg vor sich sahen, auf dem Jerusalem lag, wusste sie, was ihn erwarten würde. Es war der Berg, auf dem einst David regierte mit mächtiger Hand. Auch er sang Lieder. Auch sie sangen von Liebe und Sehnsucht umgab auch ihn. Aber er war ein Krieger und mächtig tanzte er um das Gesetz, das er zu schützen suchte. Er, Jesus, auch er sang Lieder. Auch er voller Sehnsucht nach einer neuen Welt. Aber sein Reich, das wusste sie, Maria, die aus Magdala, sein Reich war nicht von dieser Welt. Es war das Königtum

Gottes, das ihn umgab und Platz fand in den gebrochenen Herzen seiner Zeit. Seine Lieder fanden nicht den Schutz des Tempels, der aus Stein gemauert die Herzen der Menschen lange nicht mehr erreichte. Seine Lieder öffneten die Herzen der Menschen für seine Botschaft, der zu vertrauen sie, Maria, gerade erst begann. Am Abend dann, als sie beieinander waren, hörte er, Jesus, ihre Frage. Herr, lehre uns beten. Lange sprach er zu ihnen von vertrautem Leben. Schließlich sprach er. Wenn ihr betet, so sagt. Vater! Heilig sich weise dein Name.

Aber dies ist eine andere Geschichte.

Der Autor

Prälat Michael H. F. Brock, geboren 1961, ist Vorstand der Stiftung Liebenau, einem der größten Sozial-, Bildungs- und Gesundheitsunternehmen in Süddeutschland.
Er ist bekannt durch zahlreiche Veröffentlichungen. Zuletzt erschienen von ihm: »Wie alles begann. Begegnungen mit Jesus« und »Die letzten Tage. Begegnungen mit Jesus«.